名师工程
名师解码系列

"国培计划"优秀成果出版工程
"国培计划"全国优秀研修成果数字出版平台

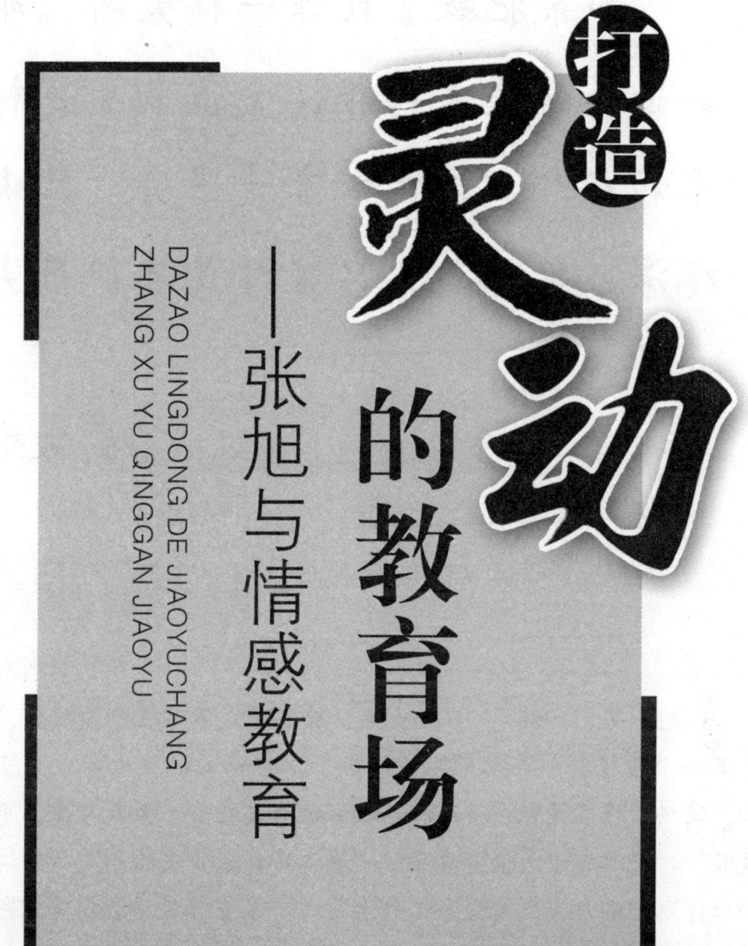

打造灵动的教育场

——张旭与情感教育

DAZAO LINGDONG DE JIAOYUCHANG
ZHANG XU YU QINGGAN JIAOYU

书系主编　罗海鸥　刘海涛
范雪贞　邹小丽　王林发◎著

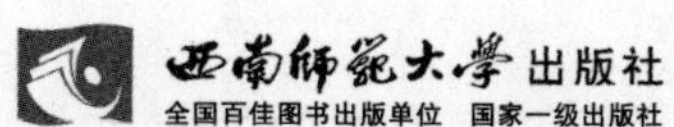

如果把教育比作一棵大树，那么道德教育是树根，素质教育是树干和枝叶，应试教育是果实。只有根深才能叶茂，只有叶茂才能果实累累。

张旭

张旭，男，1965 年 10 月出生，曾任廉江市第五中学校长、廉江市第一中学校长。在职研究生学历，中学语文高级教师，高级政工师，高级心理咨询师，全国特色教育优秀工作者。荣获“廉江市优秀校长”“廉江市十大优秀青年”“廉江市新长征突击手”“湛江市优秀教师”“湛江市优秀党务工作者”“广东省普教系统优秀党务工作者”等称号。近年来，一直致力于学校特色德育的研究与校本教材的开发，主持省级课题 4 项，在省级以上刊物发表论文近 20 篇。

《名师工程》

系列丛书

《名师工程》系列丛书

征稿启事

《名师工程》系列丛书是西南师范大学出版社策划、组织出版的大型系列教育丛书。丛书以新课程下的新教学为背景，以促进施教者的教育能力为落脚点，以提高教育质量、提升教师水平为宗旨。

丛书首批推出的“名师讲述”“教学提升”“教学新突破”“高中新课程”“教师成长”“大师讲坛”“教育细节”“创新语文教学”“教育管理力”“教师修炼”“创新数学教学”“教育通识”“教育心理”“创新课堂”“思想者”“名师名课”“幼师提升”“优化教学”“教研提升”“名校长核心思想”“名校工程”“高效课堂”“创新班主任”“教育探索者”等系列，共160多个品种，其余系列也将陆续出版。为了让广大教师有一个交流、借鉴的机会，同时也为了给广大教师提供更多、更好的图书，《名师工程》系列丛书编辑出版委员会特向全国教育工作者征集稿件。

稿件要求：

1.主题鲜明、新颖，有独创性。

2.主题以提升教育能力为主，也可适当外延。

3.主题要有一定规模、有典型案例支撑。

4.案例要贴近教育实际，操作性强。

5.文章、书稿结构清晰，语言精彩。

书稿作者在选题确定之后，请及时与我们做好沟通，具体事宜确定好之后再进行创作；也欢迎用已经完稿的稿件投稿。一线教师如希望参与图书案例的创作，可联系我社策划机构，由策划机构备案，在适合的图书中参与创作。

真诚欢迎各位教师踊跃投稿。

联系方式：

西南师范大学出版社高教分社

电话：023-68254356　　　E-mail：zcj@swu.cn

西南师范大学出版社高教分社北京策划部

电话：010-68403096

E-mail：guodejun1973@163.com

编者的话

当前，以人为本的教育理念正在逐步深化，素质教育以及基础教育课程改革不断推进。在这场深刻又艰苦的教育改革中，涌现了无数甘为人梯、乐于奉献的优秀教师。他们积极探索、更新观念、敢于创新、善于改革，在实践中创造性地发展、总结了很多先进的教育思想、教育理念；创造性地开发了很多新的教学模式、教学内容和教学方法。这些新思想、新模式、新方法在实践中极大地提高了教学质量，是教育改革实践中的新内涵和宝贵财富。这些优秀教师就是我们的名师，这些新内涵就是名师的核心教育力。整理、总结、发展、推广这些教育新内涵，是深化教育改革、完善教育体制、提高教育质量、提升教师水平的一件大事。

教育，是民族振兴的基石；教师，是教育发展的根基。

胡锦涛在全国优秀教师代表座谈会上指出："教师是人类文明的传承者。推动教育事业又好又快发展，培养高素质人才，教师是关键。没有高水平的教师队伍，就没有高质量的教育。"十七大报告又进一步强调了必须加强教师队伍建设，不断提高教师的素质。当今世界，社会进步一日千里，科技发展日新月异，知识更新的周期越来越短。教师作为"文明的传承者"更要与时俱进，刻苦钻研、奋发进取，尽快提升自身素质和能力，为推动教育事业的健康发展贡献自己的力量。

基于以上，西南师范大学出版社策划、组织出版了大型系列教育丛书——《名师工程》。希望通过总结名师的创新经验、先进理念，宣传名师的核心教育力，为广大教师职业生涯提供精神源泉和实践动力，在教育实践层面切实推动从教者职业素养的提升。通过《名师工程》实现"打造名师的工程"。

丛书在策划、创作过程中力求实现以下特色：

一、理念创新，体现教育的人本精神

教师角色在以人为本的教育理念下发生了重大的变化，教师的素质和能力也面临更高的要求。如何弘扬、培植学生的主体性、增强学生的主体意识、发展学生的主体能力、塑造学生的主体人格等问题成为教师在目前教育中亟待解决的难题。丛书以教育管理者和教师为主要读者对象，通过教师综合素质的提高而将人本教育的思想落实到教育实践中，真正实现教育培养人、塑造人、发展人的本质要求。

二、全面构建，系统提升教师的教育能力

丛书选题的最大特点就是系统、全面地针对教师教育能力的提升而展开。施教者的能力决定教育的效果，教育改革的落实、教育效果的提高无不体现在教师身上。丛书针对不同教育能力、不同教学要求、不同教育对象，有针对性地设置选题。棘手学生、课堂切入、引导艺术、班主任的教导力、互动艺术、课堂效率、心灵教育等等，这些鲜明的主题从教育的细节出发，从教育实际情况出发，有针对性地解决问题，让教师在阅读中学有所指、读有所获。

三、科学权威，体现教育的时代前沿性

丛书邀请全国各地著名的教育工作者执笔，汇集在教育改革与实践中涌现的先进理念、成果和方法，经过专家认真遴选、评点总结而成，代表了目前教育实践中先进的教育生产力，具有时代前沿性，是广大一线教师学习、借鉴的好素材。

四、注重实践，突出施教的实用价值

丛书采用了通俗的创作方法，把死板的道理鲜活化，把教条的写法改变为以案例为主，分析、评点为辅，把最先进的教育理念和方法融入有趣的情境中。经典的案例，情境式的叙述，流畅的语言，充满感情的评述，发人深省的剖析，娓娓道来、深入浅出，让教师更充分地领会先进、有效的教育方法。

在诸多教育、出版界同仁的支持与努力下，《名师工程》陆续推出了《名师讲述系列》《教学提升系列》《教学新突破系列》《高中新课程系列》《教师成长系列》《大师讲坛系列》《教育细节系列》《创新语文教学系列》《教育管理力系列》《教师修炼系列》《创新数学教学系列》《教育通识系列》《教育心理系列》《创新课堂系列》《思想者系列》《名师名课系列》《幼师提升系列》《优化教学系列》《教研提升系列》《名校长核心思想系列》《名校工程系列》《高效课堂系列》《创新班主任系列》《教育探索者系列》等系列，共160多个品种，后续图书也将陆续出版。

丛书在出版创作过程中得到各地、各级教育部门与教育工作者的大力支持与帮助，在此一并表示感谢！

教育事业是全社会共同的事业，本丛书的出版一方面希望能对广大教育工作者有所帮助，共飨先进成果；另一方面也是抛砖引玉，希望更多的教育工作者参与到出版创作中来，百家争鸣、百花齐放，为促进教育事业的发展共同努力！

总　序

名师的“底牌”

一个名师懂得学生的学习实际上就是为了获得美好的人生，懂得教学就是为了有效地提高学生的发展能力，也懂得学生的能力包括知识、技能和态度三个方面，更懂得培养学生这三方面能力的方式也应不同。一个名师十分清楚：知识的教育在很大程度上应该通过学校教育来完成；大部分生活技能应该通过家庭中父母的生活教育来完成；态度的改变、价值观的形成应该通过人文教育、社会教育来完成。

对应着知识、技能、态度的是学校教育、生活教育、社会教育，一个名师在这三种类型的教育中应有自己的思考。譬如说，信息时代的名师非常清楚慕课的建设能使学校的教育教学产生革命性的飞跃，他会像拍一部好看的电视连续剧那样去精心设计教学内容和教学过程。那些知识点的精彩讲授，那些教学互动、教学训练的有效安排，那些教学案例与测评系统的精心设计……都将使学生高效、快乐地获得知识，发展能力。

譬如说，一个名师的教育智慧在挖掘和发挥家庭教育的作用上也有充分的体现，他会告诉家长们怎样做一个胜过老师的好父亲、好母亲，怎样看到自己孩子的潜质和特长，怎样正确评价自己孩子的优点和缺点，怎样鼓励自己孩子去克服自卑、克服厌学而获得学习的成就感和快乐感；他会根据生活的实际状态，告诉家长在信息时代里如何培养自己的媒体素养和读写能力，如何以自身的读写形象来引导孩子的读写活动，以至能艺术地、不动声色地让自己的孩子养成终身受益的读写习惯。

譬如说，一个名师的教学理念与教学方法的科学性，体现在他深深地懂得：人们对大千世界的研究是从个别、具体、感性走向共性、本质、理性的，而教育的过程则是从共性、本质、理性走向个别、具体、感性的，故事教育就能很好地体现这一过程。我们看到，一个名师注重教育叙事的研究和撰写，很善于通过教学案例或教育故事的讨论与叙述来感染、感动学生的情态，改变学生的态度和情感。他研究故事的讲述模型和讲述技巧，他的教学常常是案例或故事先行，而到故事结尾，又非常睿智地点破这个教育案例或教学故事本身所包含着的教育理论和人生哲理。他非常清楚，具有正能量的榜样，在精彩的、有魅力的叙述中将产生正面说教不具有的力量。

本套丛书中的几位名师，全都在自己的教育教学领域做出了傲人的成绩。

比如，刘海涛是中国大陆第一个开设“微型小说写作”课程的人，他运用实践性学习的先进的课程思想、理念和方法，通过系统的、科学的教学设计，引导学生“自由写作”“回应写作”，把“微型小说研究”建设成为一门研究型课程。在此过程中，他核心的课程理念和基本的教改方法——“研究性实践教学”逐渐清晰，并对此进行了初步的理论归纳和学术表达。同时，利用专题学习网站等现代教育技术创新课程形态，使“写作”课程从传统转型为现代。他的研究型课程教材《微型小说学研究》（3卷本）获“第四届小小说金麻雀奖”理论奖，《新写作》一书在2010年由高等教育出版社出版；学生的研究性学习成果《感动大学生的100篇微型小说》，在第八届“挑战杯”广东大学生课外学术科技作品竞赛中获得一等奖。

比如，梁哲顶着压力，在课堂中悄悄进行教学改革，并经过探索与实践，形成了“激问、激趣、激思”的教学风格，提出了“双主协调，共同发展”的教学理念，凝炼了“四环节开放式教学”的教学模式，在专业精神、专业知识、专业技能、教学研究和班级管理等方面不断丰富自我，超越自我，彰显自己，形成了自己的教学特色，受到业界的关注和肯定。

比如，张旭“弘扬传统文化，传承国学经典”，在现代教育中融入传统文化因素，着力构建“书香校园”，让学生接受优秀传统文化的熏陶，学会做人，学会做事，学会成长，明白“诵经尊孔学做人，知书达礼成大业”的道理，使一所创办不久的学校成为奇迹的明证。

比如，谭永焕长期致力于教学改革与实践，凝炼了“真心教育”的教学理念，形成了“教学的切入点要巧妙，课堂的动情点要凸显，课程的训练点要扎实有效”的教学特色，教育效果显著，引起广泛关注。

比如，谢文东主张和探索“国学为本，儒雅成才”的教育思想，确立“承启办学，厚德育人，精益求精”的办学理念，致力于儒雅教育的改革与研究，成绩斐然，产生了较大反响。

教学名师之所以深受社会认可，是因为他们拥有先进的教育理念、娴熟的教学技能、丰硕的教学成果、优秀的人格品质，与应试教育观念“反其道而行之”，他们的教育行为包含着教育的本义。教学名师懂得真正的教育智慧和教育艺术，他们懂得观察生活，并从中吸取智慧，让自己的课程建设、课堂教学、教育行为等体现出一种先进的、科学的教育理念与方法。从他们丰硕的教学成果中，我们看到他们在除却教育弊病时振臂直呼，看到他们对学生的那种满腔热情的大爱，看到他们对自己职业的一种执着追求，也看到了他们日常生活的凡人像和隐藏在内心深处的坚韧劲。

是为序。

刘海涛

2014 年 7 月 26 日

目　　录

上篇　专业成长

第一章　尝试与创新："不怕吃苦"与"敢为人先"的专业实践 ………… 3
第一节　全面做好职业准备 ………………………………………… 3
一、勤奋努力的学习生活 ……………………………………… 3
二、成为奖学金专业户 ………………………………………… 6
三、显露出写作才华 …………………………………………… 6
四、积极参加社团活动 ………………………………………… 7
第二节　初为人师，激情满怀 ……………………………………… 9
一、关爱学生，亦师亦友 ……………………………………… 9
二、先出丑，后出众，再出色 ……………………………… 12
第三节　刻苦钻研，积极进取 …………………………………… 14
一、一肩多挑，接受磨炼 …………………………………… 14
二、坚持读书，多方取经 …………………………………… 15
三、优化课堂，创新形式 …………………………………… 16
第四节　临危受命，勇于挑战 …………………………………… 19
一、学校的艰难处境 ………………………………………… 20
二、大刀阔斧的改革 ………………………………………… 20
三、焕然一新的气象 ………………………………………… 23
第五节　敢为人先，勇于开拓 …………………………………… 25
一、建校的艰难预设 ………………………………………… 25

二、建校的五大难题 …… 26
三、令人惊诧的“橙乡传奇” …… 29
第二章　寻根与突破:“积极”与“创新”的专业求索 …… 33
第一节　访古寻根，文化育人 …… 33
一、思维创新，独辟蹊径 …… 34
二、大胆探索，不遗余力 …… 35
三、崇德尚礼，德育领先 …… 36
第二节　改革突破，课题研究 …… 37
一、借助课题，推进德育工作 …… 37
二、坚持原则，深化德育 …… 39
三、突破研究，成功结题 …… 43
第三节　惊才艳艳，多方赞叹 …… 46
一、赢得社会的赞美 …… 46
二、获得教师的尊敬 …… 47
三、换来学生的爱戴 …… 49

中篇　教育理念

第三章　德育目标　滋润人生 …… 53
第一节　德育：扎实人生的根本 …… 53
一、德育的理论基础 …… 53
一、德育的含义与特点 …… 55
三、德育的方式及其社会意义 …… 57
第二节　德育：鼓舞人心的利器 …… 61
一、用德育夯实教育的根本 …… 61
二、用德育传递教育正能量 …… 63
三、用德育推动教育发展 …… 67

第三节 德育：树人成事的保证 …………………………… 69
一、德育激发求知的梦想 …………………………… 70
二、德育成就人生的未来 …………………………… 71
三、德育改变命运的方向 …………………………… 72
第四章 德育理念 驱动人生 …………………………… 76
第一节 独辟蹊径：打造全国首个论语广场 ………… 76
一、壁立千仞——论语广场的诞生与构造 ………… 77
二、立身处世——论语广场的风雅韵事 …………… 78
三、春华秋实——论语广场的社会意义 …………… 85
第二节 三位一体：践行“三道”思想 ……………… 85
一、以生为本的天道思想 …………………………… 86
二、以孝为主的孝道思想 …………………………… 88
三、以师为主的师道思想 …………………………… 89
第三节 育人魅力：彰显办学特色 …………………… 91
一、以人为本的办学思想 …………………………… 92
二、科学育人的办学理念 …………………………… 96
三、个性鲜明的办学特色 …………………………… 99
第五章 德育智慧 德行人生 …………………………… 107
第一节 精神沃土：建设德育文化 …………………… 107
一、课堂建设中的德育文化 ………………………… 107
二、班级建设中的德育文化 ………………………… 109
三、校园建设中的德育文化 ………………………… 112
第二节 德育工程：开发校本课程 …………………… 113
一、充满人文意味的课堂德育 ……………………… 114
二、与时俱进的校本培训 …………………………… 117
三、研精覃思的课程开发 …………………………… 118
第三节 心灵艺术：成就德行人生 …………………… 121
一、自明本心的德行所知 …………………………… 121

二、感性显现的德行之善 …………………………… 124
三、身体力行的德行之用 …………………………… 124

下篇　教育策略

第六章　感化式德育——春风化雨，润泽心灵 ………………… 129
第一节　感化式德育的内涵、类型和特点 ………………… 129
一、感化式德育的内涵 ………………………………… 130
二、感化式德育的类型 ………………………………… 131
三、感化式德育的特点 ………………………………… 133
第二节　感化式德育的价值 ………………………………… 135
一、感化式德育的功能 ………………………………… 135
二、感化式德育的重要性 ……………………………… 137
第三节　感化式德育的实施 ………………………………… 138
一、循其道行之 ………………………………………… 138
二、润物细无声 ………………………………………… 140
三、情理皆动人 ………………………………………… 142
第七章　养成式德育——细致入微，求真务实 ………………… 144
第一节　养成式德育的内涵和特点 ………………………… 144
一、养成式德育的内涵 ………………………………… 144
二、养成式德育的特点 ………………………………… 146
第二节　养成式德育的价值 ………………………………… 148
一、养成式德育的功能 ………………………………… 148
二、养成式德育的重要性 ……………………………… 149
第三节　养成式德育的实施 ………………………………… 150
一、细致入微：以“细”见成 ……………………………… 150
二、积微成著：以“小”见大 ……………………………… 153

三、求真务实：以“实”见真 …… 157
第八章 体验式德育——活动育人，启智育德 …… 160
第一节 体验式德育的理论基础和内涵 …… 160
一、体验式德育的理论基础 …… 161
二、体验式德育的内涵 …… 162
第二节 体验式德育的特点和原则 …… 166
一、体验式德育的特点 …… 166
二、体验式德育的原则 …… 167
第三节 体验式德育的价值 …… 168
一、体验式德育的功能 …… 169
二、体验式德育的重要性 …… 170
第四节 体验式德育的实施 …… 171
一、在亲子活动中体验感恩 …… 172
二、在敬师节活动中体验尊重 …… 174
三、在科技文化艺术节活动中体验创新 …… 176

张旭不仅勤奋刻苦，对学习孜孜以求，而且激情满怀，勇于开拓和创新。廉江市第一中学建成后，他经过深思熟虑，开辟了一条教育“寻根”之路——向优秀的传统文化寻根，让学生接受熏陶和感染；向崇高的社会道德和良好的行为习惯寻根，培养学生良好的品格；向精细管理寻根，为学校的跨越式发展筑牢根基。

上篇 专业成长

打造生动的教育场

第一章 尝试与创新：“不怕吃苦”与“敢为人先”的专业实践

第二章 寻根与突破：“积极”与“创新”的专业求索

第一章 尝试与创新："不怕吃苦"与"敢为人先"的专业实践

尝试和奋斗是人类社会发展和进步的源泉，不断学习新的知识，不断开拓新的领域，人类才能不断进步。张旭在大学努力学习，积极锻炼各方面的能力，为将来从事教育工作奠定了良好的基础。刚走上教师岗位时，他没有教学经验，对于教学工作，他能做的只有勇于尝试。但是，尝试具有不确定性，不是每次尝试都能得到想要的结果。尝试失败了，张旭从不灰心，而是凭着"不怕吃苦"和"敢为人先"的精神，把握好做事的尺度，让自己的专业实践更为出色。

第一节 全面做好职业准备

一、勤奋努力的学习生活

1987 年，张旭入读雷州师范专科学校[①]中文系。他深知大学的学习机会来之不易，而且知道自己将来要从事教育工作，所以总是十分努力地学习，暂要扎实掌握专业知识。当时大学里有许多学生认为考试及格、不挂科就行了。张旭很不认可这种观点。他认为，教师身负教书育人的职责，若是专业知识掌握不牢，谈何教育学生？要想成为一名优秀的教师，不学一点儿真本领是不行的。大学阶段，张旭在学习上孜孜不倦，学习成绩一直名列前茅。

① 为湛江师范学院的前身，现改名为岭南师范学院。

（一）勤奋学习

大学的学习氛围明显不同于高中，刚从书山题海中解放出来的学生，在大学轻松的氛围中很容易产生懈怠感，很多学生都放松了学习。但是张旭没有，他很快调整好学习状态，宿舍、教室、食堂、图书馆，四点一线，投入了紧张的学习之中。张旭明白，要想成为一名优秀的教师，就必须努力学习，扎实打好专业基础。

大学的课堂与高中的差异很大，教师讲课口若悬河，节奏很快，学生如果不集中注意力，就容易忽略知识点。张旭刚开始时没有适应教师的教学方式，常常跟不上教学节奏。为此，他每次上课前都进行预习，把自己不懂的知识点画出来，上课时再认真听讲。他在教科书上做了密密麻麻的笔记，并经常在课下与教师交流，不懂就问。教师们都很喜欢张旭，也很乐意给予指点。经过勤奋苦学和教师的专业指导，张旭的学习效率提高了不少。

著名史学家卡莱尔说："天才就是无止境刻苦勤奋的能力。"再聪明的人，如果不勤奋努力，也很难获得成功。学习不是一朝一夕的事情，需要不断地努力和积累，只有端正学习态度并勤奋学习，才能学有所成。张旭能成长为一名卓越的教师、优秀的校长，与他的勤奋努力、刻苦好学是分不开的。

（二）注重学习方法

在中学，学生大多习惯于问教师该怎么做，教师怎么教学生就怎么学。但在大学，教师不会给学生明确的答案，不会照本宣科。如何跟上教师的讲课节奏，如何有效地学习，都需要学生自己去思考、去摸索。张旭在勤奋的基础上，总结出一套学习方法，逐渐适应了大学的学习生活。他认为，知识是连贯的、系统的，光靠死记硬背不能把知识内化为自己的学识。他总结出一套系统的学习理论，并将其归纳为学习三系统：目标系统、时间系统、情绪系统。

1. 目标系统

目标系统是指自己要合理、有序地建立起明确而细致的目标，并制订具体的实施步骤。张旭认为，大学生必须有明确的目标，因为人生需要目标导引，没有目标的人，只能浑浑噩噩地过日子。我们在制订目标时不宜好高骛远，而应该循序渐进，因为从小目标的达成到大目标的实现有着很强的渐进性和逻辑性，每一个小目标都是实现大目标的基础。因此，张旭很重视小目标的制订，他每天晚上睡觉前会先温习一遍白天的学习内容，然后安排第二天该做的事情，制订学习目标，并根据实际情况进行调整，从而使自己的近期目标得以实现。有了明确目标的指引，张旭的每一天都过得紧凑而充实。

2. 时间系统

时间系统是指合理安排时间。张旭认为，大学是一个学习知识、培养能力的地方，学生在学习专业知识的同时，还应参加社会实践，以提高专业能力，这就需要合理安排时间。在张旭看来，几年的大学时光很短暂，他希望在有限的时间内充实自己。因此，他每天都早早地到教室学习，晚上很晚才回宿舍。张旭把时间紧紧地攥在手里，合理利用时间，始终勤奋地学习着。

3. 情绪系统

情绪系统是指每天要保持良好的情绪，以愉悦的心情投入学习。张旭认为，情绪会影响人的认知与行为，对学习有着很大的影响。的确，当人处于兴奋、激昂、高兴的积极情绪中时，精神会更集中，思维会更敏捷，记忆的效果也会大大提高，这对学习有着极大的促进作用；相反，如果人处于烦躁、焦虑、倦怠的消极情绪中时，就难以集中注意力，思维会变得混乱，记忆力也会相应下降，对学习产生阻碍作用。张旭每天都让自己以愉悦的状态投入学习，这使他的学习效率大大提高。当然，生活中不可能诸事顺利，当遇到烦恼和困难时，张旭喜欢通过写作来宣泄自己的情绪，在写作中，他的烦恼会很快消失。他常常建议同学保持积极的情绪，拥有良好的心态，如果遇到不快，可以做一些自己感兴趣的事以宣泄不良情绪。

在学习中，寻找到适合自己的学习方法很重要，张旭的学习方法让他可以用较少的时间获得较好的学习效果。在之后的教学工作中，张旭常把这些学习方法推荐给自己的学生，并鼓励学生寻找适合自己的学习方法。

二、 成为奖学金专业户

因为勤奋刻苦，张旭的学习成绩一直很优秀，他不仅被评为“三好学生”，还每年都获得奖学金。虽然奖学金没有多少，但是张旭依然很兴奋，因为这是对他努力学习的肯定。

笔者：获得奖学金对您日后的就业有没有帮助？

张旭：我的学习成绩优秀，对日后的工作分配肯定是有帮助的。我们毕业分配工作那年，就业形势不好，廉江的毕业生大多数被分配到乡下去就业，可我留在了廉江市石城中学（现今的廉江市第五中学），当时的廉江市石城中学位于市郊，条件比乡下学校好多了。后来我才知道，这是优秀的学习成绩给我带来了好的回报。

张旭认为自己获得奖学金与勤奋努力是分不开的。他告诫现在的大学生，对于学习一定要抱着认真和重视的态度，不要总想着“60 分万岁”；大学生要为自己的行为和以后的前途负责，通过勤奋获得奖励，以证明自己不甘平凡。

三、 显露出写作才华

读大学时，因为对自己的文笔很有信心，在校报招聘记者时，张旭毫不犹豫地去应聘，最终成功被录用。校报记者要按时采访、写稿、改稿，还要策划相关选题，报道学校各个方面的工作动态、工作成绩等。这就要求校报记者有敏锐的观察力，善于捕捉新闻热点，有较强的写作能力。对张旭来说，校报记者的工作既是机遇，也是挑战。

通过从事编辑、记者等工作，能全面锻炼学生的组织能力、写作能力、协调能力、公关能力等。校报记者既可以约校长访谈，也可以找同学交流，这些都有利于提高自身的综合能力。张旭认为，成为校报记者后，他不仅写作能力有了很大的提升，还结交了许多朋友，人际交往能力和语言沟通能力也得到了提升。

对待校报记者这份工作，张旭是认真而严谨的。他认为，文如其人，文章往往能反映一个人的心性和品行，如一面镜子把自己呈现在别人面前。因此，张旭写文章时很认真、很负责，不懂就虚心向师兄、师姐和老师请教，写出文章后也要经过反复推敲，确认没有大问题才交上去。这种严谨的态度让他获得校报记者站的一致好评。张旭发表了很多优秀的文章，因此被评为"优秀学生记者"。

从事校报记者的工作为张旭打下了良好的写作基础，他工作后写文章经常是信手拈来，发表了不少论文。担任校长后，学校各部门上交的材料，主旨怎样，立意怎样，视角怎样，张旭一看就能评出优劣。对于写得不好的材料，张旭还会提出修改意见。由此可见，扎实的写作功底为他的工作带来了不少方便。

四、积极参加社团活动

如果哪个大学生在大学里没有参加过任何社团组织，那么就可以说他（她）的大学生活是不完整的。学生社团与学生会、班委会这些组织不同，它是基于共同的兴趣爱好组成的学生群体。在社团中，学生可以学到自己感兴趣的东西。最重要的是，社团活动是对课内教学的有益补充。学生在课内学习的是专业性很强的理论知识，而在社团活动中可以增强交际能力、协调能力、管理能力等。在张旭看来，大学生应该多参加社团活动，这样一来可以增长见识，二来可以增强人际交往能力。抱着这样的认识，张旭在大学时热衷参加社团活动，是社团里的活跃分子。

（一）加入摄影协会

为了更好地从事校报记者工作，张旭决定加入学校的摄影协会。对于从来没有碰过摄像机的张旭来说，摄影是一件神奇而有趣的事情。学习摄影需要理论结合实践，张旭不仅认真地学习各种理论知识，如对焦的方式、画面的对比、清晰图像的自动获取、曝光控制、各种镜头的运用等，还积极进行实践，抓住机会练习，积累实践经验。

张旭很感谢摄影协会这个学习平台，在这里他学会了摄影，这不仅对他从事校报记者工作有帮助，而且让他更热爱生活。

（二）参加志愿者活动

对于成为一名志愿者，张旭有着很高的热情。在张旭看来，“志愿者”是一个神圣的称号，每一个志愿者都是一个渺小却又伟大的人。

笔者：除了参加校报记者站、摄影协会组织的活动，您还参加过一些什么活动？

张旭：我印象比较深刻的是参加志愿者活动。当时我们学校的志愿者活动大多是辅导员组织的，我那时是班干部，参加志愿者活动总是很积极。

作为一名班干部，张旭总是积极参加志愿者活动，并多次组织志愿者到福利院、养老院等地方慰问、劳动。张旭在这个过程中见识了更为广阔的天地，锻炼了自己的交际能力和协调能力。在付出爱心、奉献社会的同时，张旭的人生价值也得到彰显。

许多人说参加社团活动会耽误学习，张旭不以为然。他认为，大学生参加社团活动能提高自身的综合素养。一是能增长社会知识。很多社会知识都需要在参加社会实践的过程中获得，从书本中无法得知。二是可以提高综合能力。大学生加入社团后需要协调学习、生活、社团活动三者之间的关系，这是综合能力的体现。张旭说，因为参加社团活动花费了不少时间，所以他总想着抓紧时间学习，学习效率也提高了。高效的学习效率让张旭在参加社团活动、做好社团工作之余，学习成绩也一直很优秀。

张旭觉得大学时光是人生中的一段非常难忘的时光，尽管时间不长，但很值得留恋和回味。在这几年里，他努力夯实专业基础，锻炼各方面的能力，孜孜不倦地追求理想，用扎实的理论知识与出色的实践能力为日后的工作打下了坚实的基础，为将来的教育生涯开启了美好的序幕。

第二节　初为人师，激情满怀

1989年8月，张旭被分配到廉江市石城中学（现廉江市第五中学）任教，正式走上中学语文教师岗位。初为人师的他，面对一群朝气蓬勃的学生，激情满怀。

一、关爱学生，亦师亦友

在学生心目中，"好教师"的特征是关爱学生、亦师亦友，能够平等对待学生，与学生打成一片。比起知识渊博的教师，学生更喜欢有爱心和耐心的教师。

笔者：师生关系历来是许多教师觉得很难处理的关系，初为人师的您，是如何处理师生关系的呢？

张旭：虽说我当时在教学上还没有经验，但结合我自己的求学经历，推己及人，我知道，在处理师生关系时，我只有付出关心和爱护，才能让学生亲近我、信任我。在处理师生关系方面，我的方法是真心关爱学生，与学生交朋友。

（一）关爱学生

尽管初为人师的张旭没有任何教学经验，但结合自身的求学经历，他明白，一定要用真诚的关爱去呵护学生的心灵。苏联教育家苏霍姆林斯基说，教师要像对待荷叶上的露珠一样，小心翼翼地保护学生幼小的心灵；晶莹透亮的露珠是美丽可爱的，却又是十分脆弱的，一不小心露珠滚落，就会破碎，不复存在。中学生正处于青春叛逆期，他们的心灵是敏感而又脆弱的，教师应用审美的眼光去"读"学生的心灵，挖掘他们身上的闪光点，帮助他们建立自信，形成开朗的性格。

1. 关心学生

学生对教师有敬慕之情，对于教师的关心和呵护，他们会深受感动，想要与之亲近；相反，对于教师的轻视和讽刺，则会表现出强烈的抗拒和排斥情绪。张旭对待学生，充满关心和爱护，他很快就把全班学生的名字记熟了，并与大家打成一片。

2. 与学生沟通和交流

在课后，张旭喜欢与学生谈心，尤其是对于班上的问题学生，张旭付出了更多的关爱。想要解决这些学生的问题，最重要的一点就是给予他们关爱，对他们宽容，最佳的做法是多与学生谈心。教师与学生谈心，一方面能了解学生各方面的状态，另一方面能让学生感受到教师对他们的友好和重视。

3. 尊重学生

学生的自尊心一般都很强，教师应注意自己的言行举止，切莫因不恰当的言行而伤害了学生的自尊心。

笔者：您觉得该怎样对待优等生和后进生？

张旭：优秀的学生会对优秀的教师产生好感，所以教师只要以自己的人格魅力感染相对优秀的学生，让他们对自己产生敬佩之情，就没问题了。对于后进生，教师不能把他们定位成坏学生，而可以把他们定位为更需要帮助的人，凭借关爱和耐心开导他们、转化他们，以情感人，以理服人。因此，对于后进生，我都是以鼓励为主，在不伤害他们自尊心的前提下，用赞美和鼓励来开启他们的心门，努力转化他们。学生的自尊心都很强，尤其是后进生，教师千万不能随意打击或批评他们，而要给予他们应有的尊重。

在教学中，张旭坚持用爱感化学生，充分理解、尊重和信任学生，从而在师生之间搭建了一座桥梁。张旭认为，对于后进生更要有足够的尊重，不要歧视和轻视他们；优等生与后进生发生矛盾时，一定要问清缘由才下定论，不要有差别对待，因为后进生的自尊心更强烈，如果没有正确对待问题，就会产生很严重的后果。教师只有做到尊重学生、信任学生，才能真正实现师生的情感交融，促进学生的全面发展。

4. 赞美和鼓励学生

教师的赞美和鼓励对学生的成长能起到很大的促进作用，教师的一句激励的话语，一次真诚的赞美，往往能激发学生的学习动力。正因为清楚赞美和鼓励对学生的激励作用，张旭对学生从不吝惜赞美，他善于发现学生身上的闪光点，赞美优等生，鼓励后进生。赞美和鼓励，不仅激励了学生，更拉近了师生之间的距离。

张旭认为，关爱的力量很神奇，教师的关爱可以感化学生，教师对学生的爱，胜过千万次的说教。教师只有拥有一颗关爱学生的心，有深厚的爱生之情，才会时刻将学生放在心上，想学生之所想。只有这样，学生才会向教师敞开心扉，接受教师的关爱，进而接受教师的教育。

（二）亦师亦友

在传统教育背景下，师生关系是主从型的，要求学生无条件地服从和尊重教师。这对于教育工作的顺利开展是十分不利的，它不仅会使学生产生抵触和抗拒情绪，甚至还会影响学生的健康成长。为了保证教育的效果，教师应与学生建立亦师亦友的关系，拉近与学生的距离，以良好的言行影响学生，并真诚地与学生交流和沟通，以心换心。

1. 亦师——身正为范

初为人师的张旭凭借着一腔热情，努力做好各方面的工作。在对待学生方面，他不是用所谓的威严震慑学生，而是用亲切的态度和一颗热忱的心感染学生，在学生面前树立了良好的形象。

“身教重于言传。”教师的一言一行都会对学生产生或好或坏的影响。张旭一直很注重自身的品德修养，希望通过自己的言行举止、为人处世给学生树立榜样，使他们成长为正直的人。实践证明，张旭的言行影响，起到了“不令而行”的作用。比如说，班上一些学生有乱扔垃圾的坏习惯，张旭多次批评也没有用，于是，他决定以自身的行动感染学生。每次走进教室，看到哪里有垃圾，他就走过去无声地捡起来；看到哪里脏了，他就自己动手打扫干净。几次下来，那些学生都不好意思了，自觉地改正了乱丢垃圾的坏习惯。对于学校的规章制度，张旭都是自己先遵守，让学生

“有样可学”，从而自觉遵守。张旭一直认为，教师只有端正自己的品行，才能赢得学生的尊重和敬佩，才能教育好学生。

2. 亦友——以心换心

与学生交心，是许多教师想做但又很难做到的一件事。教师应像对待朋友一样对待学生，与学生推心置腹，这样学生才会对教师敞开心扉，如朋友一般向教师倾吐心事。教师如果能够做到这些，就能深入了解学生的状态，教育效果也就不言而喻了。

张旭常常主动亲近学生，明确表示想与他们做朋友，并且在学习和生活上关心他们。看到张旭十分坦诚，学生放下戒心，自觉地接受他的教诲。学生对张旭充分信任，让他感受到了教育的乐趣。

张旭始终坚信，教师必须关爱学生，对学生倾注真挚的感情，与学生建立亦师亦友的关系，这是教育工作取得成功的关键。正所谓“亲其师，信其道”。以端正的品行教育学生，以良师益友的身份亲近学生，与学生建立起亦师亦友的关系，是张旭获得众多学生尊敬及其教育工作取得成功的关键。

二、 先出丑，后出众，再出色

“先出丑，后出众，再出色”是张旭在职场上获得成功的秘诀。张旭刚工作时，什么经验都没有。在后来的磨炼中，张旭悟出了一个道理：只有不怕出丑，敢于出丑，才能从中总结出宝贵的经验。

笔者：您对没有经验的教师有一些什么建议？

张旭：没有经验的教师，首先自己要上进，如果自己不想学，不想进步，那谁也帮不了你。教师自己要有上进心，刻苦学习，认真钻研，这是首要条件。其次是要虚心向其他教师学习、请教，这样就能学习到许多原来不会的东西。再次是不要怕出丑，要做到“先出丑，后出众，再出色”。

（一）争上公开课

在“出丑”中总结教训，是张旭在教学实践中悟出来的道理。对于教师而言，“出丑”的最佳途径就是上公开课。刚工作时，张旭做事很积极，一旦学校需要教师上公开课，他总是立即接下来。

张旭常说：“如果让你上公开课，你因为怕出丑而不愿意去上，就会白白浪费一次宝贵的机会。没有别人的评价，你怎么能找到自身的不足，怎么能进步呢?”作为一名新教师，张旭迫切地希望通过上公开课来锻炼自己，所以，一些教师唯恐避之不及的公开课，反而是他最渴望的。“功夫不负有心人”，张旭积极争取上公开课的机会，不断地反思，不断地改进，教学水平迅速提高，不久之后就获得了“廉江市教坛新秀”的称号。

张旭坦言，刚开始上公开课时，由于紧张、经验不足，自己出了不少丑，但正是在一次又一次的“出丑”中，他上课越来越得心应手，他的教学能力也越来越强。张旭是上公开课的受益者，所以他常以自身的经历鼓励刚工作的教师不要害怕上公开课，要懂得抓住锻炼的机会，通过公开课的磨炼提升自己，使自己在教学中独当一面。

（二）得到名教师的指导

上公开课除了能积累经验外，最大的益处是能得到名教师的指导。张旭说，每次上完公开课，都会得到一些有益的点评，这有助于自己改进教学。

在众多点评中，张旭印象最深刻的是时任廉江中学教导处主任的廖日昭老师的点评。那次张旭上的是《荷塘月色》一课。廖日昭老师由张旭所在学校的校长、教导主任陪同来听公开课，专注上课的张旭毫不知情。在课后点评中，廖日昭老师毫不客气地对张旭说：“你这节课上得不好!”张旭谦虚地请他指点。廖日昭老师明确地指出：“你讲的内容比较多，学生练的机会比较少，这方面你没有把握好。你在调动学生积极性这方面还是做得不错的，就是在课的整体把握上不够好，没有科学合理地把握好时间。”张旭深受启发，开始深入思考：怎样才能合理分配讲课时间和练习时间？怎样才能把握好课堂教学的节奏？为了解决这些问题，张旭查阅了很多书籍，无形中增长了不少学识。

廖日昭老师是廉江市的名教师，也是当时广东省语文课程教学改革走在前列的教师之一。张旭很好奇他为什么来听一个初出茅庐的教师的课。

廖日昭老师说："我想物色一些有潜力的教师到我们廉江中学教书，我觉得你还是很不错的。"当时张旭刚工作两年，得到前辈如此赏识，他感到很惊讶。但是他又想，廖日昭老师给自己指出了很多教学方面的问题，这说明自己还需要继续修炼，如果现在去廉江中学工作，自己很可能难以胜任，这样就会辜负廖日昭老师的期望。廖日昭老师问张旭是怎么考虑的，张旭以自己"还没达到那种水平，还需要继续修炼"为由婉拒了他的邀请。尽管有些惋惜，但张旭并不后悔自己的决定，他是一个负责、明智的人，既然认为自己的教学水平还没达到到廉江中学任教的层次，便不会妄自尊大，接下重担。这既是对自己负责，更是对廉江中学的学生负责。

"先出丑，后出众，再出色"，张旭做到了，从刚开始上公开课时不断出丑，到后来以出众的教学水平获得认可，再到以出色的教学能力获得赏识，他终于"化蛹成蝶"，开创了一片新天地。

第三节　刻苦钻研，积极进取

在教学上能独当一面后，张旭并没有懈怠，而是更加刻苦地钻研，以积极进取的态度对待工作和学习。正是凭着这种认真、执着的态度，他从一名普通的语文教师成长为名教师、名校长。辛勤的付出，换来了甘美的果实。

一、一肩多挑，接受磨炼

张旭在廉江市第五中学任教时，既担任语文教师，又兼任班主任、团委书记、政教处主任，每天面对在别人看来繁忙与杂乱的事情，张旭却乐在其中。

笔者：您在廉江市第五中学任教时，既担任语文教师，又兼任班主任、团委书记、政教处主任，您忙得过来吗？您当时埋怨过吗？

张旭：当时我觉得压力很大，但不曾埋怨过。因为我明白，虽然我需要花很多精力和心思，但收获也是很大的。通过那段时间的磨炼，我体会到：压力越大，一个人就能成长得越快。

虽然一肩多挑，但张旭从不抱怨，而且觉得这是自己人生中收获最大的一个阶段，对自己的专业成长很有利。

对于如何处理好多种工作，张旭认为只要做好两点就可以了。一是科学合理地安排工作，工作有侧重点。二是以负责任的态度投入每一份工作。对于工作，不能三心二意，干干这个，又去干其他的，这样只会什么都干不好。

当时学校有一个很难管教的班级，别的教师都不愿意带，张旭很乐意地接手了，还把班级管理得很好，校长很信任他。由于张旭富有人格魅力，在民意测评中，他常常获选票最多。张旭感慨，如果不舍得花精力投入工作，不敢接受挑战，就不会获得那么多荣誉，也不会成长得那么快。

二、坚持读书，多方取经

尽管教学工作繁忙，但是张旭依然抽出时间进行系统的学习。在工作之余，他利用一切可用的时间读书、听讲座和报告，取他人之长，补自身之短，不断提高专业水平。1996 年，张旭获得广东教育学院（现广东第二师范学院）本科学历；2007 年，他获得北京师范大学教育经济与管理专业硕士研究生学历。张旭始终坚信，学习是永无止境的，他要凭借毅力和坚持，不断"充电"。

（一）读书"三有"

张旭认为，读书必须做到"三有"，即有笔记本，有活动记录和自学记录，有心得体会。他身体力行，力求发挥表率作用，并取得实效。他常与学校教职工一起学习，结合大家的学习情况进行分析和点评，不走过场，不摆形式，要求大家用心学习、认真实践，切实提高业务水平。

为了提高学识水平，张旭系统地研读了教育学、管理学、政治学、社会学等方面的书籍，为当好校长奠定了深厚的理论基础。在他的带动下，学校教职工学习热情高，大家结合各自的实际情况开展读书活动，并上交心得体会文章。他还组织全体党员深入学习和实践科学发展观，学员们在学习成绩测试中的优良率为100%。1999年，张旭荣获“五十年辉煌，新世纪畅想”全国读书活动的优秀指导奖。

（二）多方取经，四处拜师

如何才能获取最前沿的知识和资讯？如何才能提高自身的知识素养？张旭经常思考这些问题，特别是担任校长以后，他更是觉得自己的思想水平和各种能力一定要提高。张旭经常听专家、学者的讲座和报告，考察知名学校，多方取经，四处拜师，以期提高管理能力。

笔者：据说您很喜欢去听讲座和报告，而且能长期坚持，您为什么这样做呢？

张旭：因为我比较喜欢接触一些前沿的思想和观点，所以，凡是有讲座、报告，能去听的我都会抽时间去听，觉得有价值的培训，我也会积极参加。从每个专家的讲座、报告中，我能学到许多有用的东西。一个人的思想要是不开放、不开明，那对他（她）的专业成长是十分不利的。在廉江市所有校长中，我是积极去听讲座、报告和参加培训的校长之一。我认为，对于教师而言，最大的福利是去听讲座和报告、接受培训。

在张旭看来，听讲座和报告、参加培训对专业发展非常有用。作为一名管理者，思想不能落后，一旦管理者的思想不能与时俱进，做出不正确的决策，那么，其所带领的团队就会跟不上时代的发展。张旭有着清醒的觉悟，只要是对专业发展有利的事情，他都会积极去做。

三、优化课堂，创新形式

语文作为基础学科，对学生的素质培养有着重要的作用。但是，如果语文课上得枯燥无味，就难以吸引学生的学习兴趣。如何优化语文课堂？如何创新语文教学形式呢？张旭有自己的方法。

（一）激发学习兴趣

俄国文学家列夫·托尔斯泰说："成功的教学所需要的不是强制，而是激发学生的兴趣。"只有让学生对学习的内容产生兴趣，才能引发学生强烈的求知欲望，促使学生积极主动地参与教学的全过程。

张旭说，一堂语文课要上得好，让学生学到东西，激发学生的学习兴趣很重要。让学生对教学内容产生兴趣，使他们尽快进入最佳学习状态，他们才会积极参与到学习中去，这是上好课的第一步。如何激发学生的学习兴趣？张旭有三个妙招：一是巧妙创设情境，二是在质疑中激趣，三是设计趣味练习。

1. 巧妙创设情境

情境教学的特点是内容丰富有趣，形象鲜明生动，情意真切感人，意境广阔动人，哲理耐人寻味，它能使语文教学成为有魅力、有趣味、有意义的活动。张旭一般会通过创设与教学内容相关的情境，激发学生的学习兴趣，并借助情境，把知识的教学、能力的培养、智力的发展以及道德情操的陶冶有机地结合起来，促进学生全面发展。学生对教学内容有兴趣了，这堂课就有了一个成功的开始。

2. 在质疑中激趣

思考和质疑往往是联系在一起的，质疑是促使学生动脑思考的基础，也是激发学生探索的动力。爱因斯坦说过，提出一个问题比解决一个问题更重要。张旭善于启发学生提出问题，鼓励学生大胆质疑，然后给予赞赏和引导，让学生获得成就感，产生探讨问题的兴趣。学生受到鼓励，纷纷积极质疑，创新思维得到了很好的锻炼。

3. 设计趣味练习

练习是巩固所学知识、形成技能的必要途径，是教学中的一个重要环节。在传统教学中，教师布置练习仅仅是为了帮助学生巩固所学知识，而往往忽略了练习的形式。死板僵化的练习只会让学生产生厌倦感，练习时也会草草了事，这就违背了设置练习的初衷。张旭给学生布置的练习不是简单的抄抄写写，而是别出心裁的心智训练，如一题多变、开放题等，让学生既巩固所学知识，又产生学习兴趣，事半功倍。

（二）创新教学模式

传统的语文教学主要采用以教为主的教学模式，以教师传授知识和学生接受知识为目标，常常表现为教师不厌其烦地灌输知识，学生反复地记忆知识。这是一种机械的教学模式，很难培养出有创新思维的学生。采取何种教学模式和教学方法，会影响学生能力的形成与发展。因此，如何创新语文教学模式，提高教学质量，成为张旭经常思考的课题。

1. 学生为主，教师为辅

张旭认为，在课堂上给予学生足够的主动权是很重要的。教师只是学生学习的引导者，而非控制者，采用以学生为主、教师为辅的教学模式，才能让学生对课堂产生归属感。张旭从不认为教师只有像个权威者一样站在讲台上才能“镇住”学生，相反，“教师是权威”这种姿态只会让学生对教师产生畏惧情绪，甚至产生厌恶情绪，进而讨厌上该教师执教的课。因此，教师必须把课堂还给学生，鼓励学生自主学习、主动探究，这样才能让学生深入学习，真正学到知识。

2. 营造环境，愉悦身心

学习环境对学习效率有着非常直接的影响。在教学中，营造良好的学习环境不是为了“摆花架子”，而是为了给学生提供良好的学习条件，使学生在宽松、愉悦、和谐的气氛中更有效地学习。张旭特别注重学习环境的营造，强调学习的高效性，力求促进学生积极参与学习活动，激发学生学习的创造性。

3. 巧妙提问，创新思维

现代教育理念倡导“以生为本”，要求教师以学生的思维发展、能力提高为目的，加强对学生问题意识的培养，使学生形成发现问题、提出问题、思考问题和解决问题的能力。善于提问，不仅能使学生学到知识，更重要的是能使学生学会学习和思考，发展思维，创新思维。

教学中，张旭喜欢在提问时先创设一个问题情境，激发学生的求知欲，诱发学生积极思考。当学生思维的积极性被调动起来后，他就巧妙地提出具有争议性的问题，引发学生讨论。在学生说出答案后，张旭还喜欢追问一句"还有更好的答案吗?"引导学生进一步思考，鼓励学生创新思维。从教学效果来看，张旭的做法很值得借鉴。

4. 走出课堂，走进社会

走出课堂，走进社会，让语文知识回归生活，这是张旭的教学主张。学习语文知识并且将其应用于生活，可以提高学生的生活能力。例如，组织学生到农村或工厂开展综合实践活动，能让学生真切体验生活中的语文。走出课堂，走进社会，是将知识运用于实践，将书本知识转化为应用能力的有效途径。

一肩多挑，坚持读书，创新教学，张旭凭着刻苦和坚持，为自己赢得了进步和成长的空间，也获得了让人羡慕的成绩：1992—1993 年，连续两年被评为"廉江市优秀团干"；1994—1996 年，连续三年被评为"廉江市石城镇先进教育工作者"；1997 年，被评为"湛江市普教系统师德建设先进个人"；1998 年，获得中学语文一级教师资格；2004 年，被评为"廉江市十大优秀青年""廉江市新长征突击手""湛江市高考先进个人"，同年获得中学语文高级教师资格。

对于这些成绩，张旭没有沾沾自喜，而是把它们当作前进道路上的奠基石。他坚持读书，让读书成为生活习惯；坚持创新，让创新成为提升自我的途径。刻苦钻研、积极进取是张旭对教育工作的态度，他一直保持着这种态度，为自己的教育工作添砖加瓦。

第四节 临危受命，勇于挑战

廉江市第五中学的前身是廉江市石城中学，它曾经是一所不被关注的学校。2002 年 7 月，在廉江市石城中学处于办学最艰难的时期，张旭临危受命，担任校长一职。面对艰难的处境，张旭没有退缩。"不在改革中前进，就在不改革中灭亡。"张旭经过多次认真调研，决定拿出"壮士断腕"的勇气进行教学改革。短短两年时间，学校在张旭的带领下发生了巨大变化，这所不被关注的农村中学迅速崛起，跨入优质学校的行列。

一、 学校的艰难处境

廉江市石城中学地处城乡接合部，教学设备差，生源差，师资力量薄弱。谈起学校当时的困境，张旭至今还颇有感慨：那时真的不容易！

笔者：在学校最困难之际，您被任命为校长，当时学校的情况是怎样的？您当时有信心改变现状吗？

张旭：现在的廉江市第五中学，当时是叫廉江市石城中学，是一所郊区学校。当时学校的情况很糟糕。第一，教学管理混乱，人际关系非常紧张，教师状告领导，教师间关系不和谐。第二，教学质量非常差，每年毕业的学生中有一两个能上本科就很不错了。第三，调皮捣蛋的学生多，教学比较难管理。因为学校的风气不好，招不到优质的生源。第四，学校环境差，校园里垃圾遍地。这是我上任时学校的基本情况。面对这些情况，我下了很大的决心要改变。

接手管理处境艰难的学校，张旭的压力是巨大的。看到种种难以改变的情况，许多人都不看好张旭。但张旭明白，既然接下了重担，就必须勇往直前，他决定对学校进行一次“脱胎换骨”的改革。

二、 大刀阔斧的改革

弄清了问题的根源，张旭果断采取改革措施，尽管当时学校里反对的声音不少，但他还是雷厉风行地进行大刀阔斧的改革。

(一) 学校改名的风波

面对困境，张旭认为，如果不调整办学思路，学校就难以发展。2003年初，廉江市委、市政府投入1.3亿元改造廉江河，决定把廉江河两岸打造成一道独特的风景线。得知这个消息，张旭心里暗喜，预感学校改革的契机来了。他想到了第一项改革措施，就是把廉江市石城中学改名为廉江市第五中学。但是，学校要想改名谈何容易？这一提议刚一提出，就遇到了很多阻力。张旭向廉江市教育局申报，市教育局同意后，他就着手筹办学校改名事宜。可是就在学校改名后准备挂牌时，又有人出来阻止，说学校改名应该由市编委负责管理，而不是由市教育局管，要想改校名，就必须经市编委审核同意。于是，张旭又四处奔波，找相关部门，经过很多波折，终于成功地把廉江市石城中学改名为廉江市第五中学。所谓"名正而言顺"，不要小看一个名字，有了这个名字，就有了跨入优质学校之列的意味，成功改名为学校的发展奠定了基础。

(二) 绿色工程计划

借着学校改名之机，张旭趁热打铁，结合学校的实际情况，创造性地提出了"绿色工程计划"的发展思路，以及打造"绿色五中"的办学理念。学校挂牌当天，张旭率领全校师生统一穿着校服，举着倡议环保的横幅在市区游行。这次活动引起了极大的反响，"廉江市第五中学"这一名称众人皆知。

学校打响名号之后，与廉江市环保局和公用事业局结成共建单位，高举环保大旗，加大投入，大力创建"绿色生态校园"，力求把学校建设成布局合理、设施完备、功能齐全、人文意识浓厚的示范性中学。

1. 调整办学思路

尽管当时省委、省政府还没有提出普及高中教育的主张，但张旭已经预感到普及高中教育将会提上省委、省政府的议事日程。他认为，廉江市发展高中教育任重道远，廉江市第五中学应该有所作为。于是，张旭根据学校的发展需要，及时确立了"巩固提高初中，大力发展高中"的办学新思路。

2. 美化校园环境

为了解决学校办学经费不足的问题，张旭四处奔走，多次到广东省教育厅和湛江市教育局反映情况，并得到了相关部门的大力支持。在张旭的努力下，学校短短五年时间就筹资 400 多万元，建设了两幢教学楼，一幢

学生宿舍楼，改建了食堂，配置了大量教学设备，学校的面貌发生了翻天覆地的变化。张旭还对校园重新进行规划，种上花草树木，改善办学环境。除了“硬件”建设，张旭还重视“软件”建设，通过制定规章制度，要求学生讲究卫生，禁止乱丢垃圾，这使得整个校园干干净净。环境变好了，就会对人产生一种无形的影响，这有利于达到张旭的预期目标：由净化、美化学校的环境，到美化人的心灵。

刚开始实施改革时，有些学生不配合，甚至抵制改革、顶撞教师。对于这些学生，张旭要求他们到学校外面捡拾垃圾。这并不是为了惩罚学生。在张旭看来，通过捡拾垃圾这个举动，可以净化、美化他们的心灵，这是教育。学生在捡拾垃圾的过程中，会明白乱丢垃圾是可耻的行为。捡拾垃圾时，他们弯下的是腰，站起的是自尊，拾起的是文明。

3. 严抓道德建设

张旭以“绿色行动”为载体，在全校师生中大力倡导思想道德建设。如开展“爱我母校，做一位优秀学生（教师）”的主题教育活动，通过广泛宣传和动员，发动全校师生积极参与，并在师生中开展征文、演讲等一系列活动，让师生自觉地参与其中。通过一系列教育活动，师生举止文明了，教师勤教、爱教了，学生乐学、好学了，校风校貌得到明显改善，获得上级领导和群众的一致好评。张旭还倡议成立“春雨基金”，发动全校师生捐献爱心，资助贫困生完成学业。

4. 强化学校管理

在学校管理方面，张旭采取的是以人为本的原则，实施严格却又不失人性化的管理。

第一，张旭以身作则，带头承担主科课程的教学工作，参与教学改革活动。他组织全校教师实施“五个一”活动以提高教学质量，即每月组织一次月考，每月开展一次教学检查，每月组织一次学生座谈会，每学期组织一次教学公开周活动，每学期组织一次教学质量抽查活动。“五个一”活动的实施使学校管理更加完善，再加上实行级组管理、循环教学等，学校的教学质量提高了很多。

第二，改革原有奖励制度，实施多劳多得、优质优酬的奖励方案，为教师构建公平合理的竞争机制，充分调动教师的积极性，提高教学质量。

以人为本、人性化的管理使张旭赢得了全校师生的爱戴和尊重，在每年的民意测评中，张旭的支持率都很高。张旭以自身的人格魅力和科学的管理，使学校产生了强大的凝聚力，整个学校变得和谐而美好。

（三）办学方向转型

张旭在思考学校的发展方向时，清醒地意识到，学校的办学基础比较差，如果按照常规办学，难以有所突破。于是，他决定调整办学方向，以美术、舞蹈、音乐等课程为重点，突破教学瓶颈。他提出这个想法时，学校里几乎所有的教师都反对。张旭相信自己的决策是正确的，他要求教师引导学生、说服家长。但是学生和家长都不买账，他们大都认为学习美术、舞蹈、音乐是没有多大用的，都不赞成学校转型。

尽管学校办学方向转型的阻力非常大，但张旭迎难而上。一方面，他筹资建设了两个舞蹈室、三个美术室，引导学生学习艺术类课程。另一方面，他对学生采取鼓励措施，明确提出：愿意报考美术专业的，学校在经济上予以支持，帮大家购买颜料、画纸等，并对优秀者给予奖励。他还对教师放“狠话”：无论哪个教师，要是再反对学校的决策，就是与学校对立。对家长，张旭专门请他们来面谈，认真开导他们。经过努力，家长都有点动心了，张旭趁热打铁，告诉他们学生如果报考艺术专业，就能获得资助。家长最后接受了张旭的意见，高兴而回。

学校办学转型后的第一年高考，就有几十个学生考上了本科。一年时间，由原来的一两个变成几十个，一下子震惊了全校师生和家长。如今在廉江，只要一提到读艺术学校，人们就会马上想到廉江市第五中学，学校的名声算是彻底打响了。

三、焕然一新的气象

在张旭的大力改革和全校师生的共同努力下，廉江市第五中学的面貌发生了根本性的变化：学校规模迅速扩大，只用了两年时间，学生人数由原来的2000多人发展到4200多人；教学质量综合指标由原来的倒数第二，一下子跃居全市第五。学校呈现出焕然一新的气象，张旭的教育改革获得了巨大的成效。

（一）校园环境优美

现在走进廉江市第五中学，人们都禁不住发出由衷的赞叹："廉江市第五中学近两年的变化实在太大了，简直成了一个大花园。"学校最大的变化是校园变得漂亮了。在环境优美的校园里学习和工作，师生对学校的归属感很强，会自觉爱护学校环境，保持校园的美丽。

（二）学校风气好转

在张旭人性化的管理下，学校的风气变得清正，人际关系不再紧张，校园充满生机，学习氛围浓厚，校风、教风、学风都十分和谐。

（三）教学成绩优异

从2002年7月到2008年7月，张旭担任廉江市第五中学的校长整整6年，在这6年时间里，学校一直稳步发展。改革第一年，考上大学本科的学生人数由原来的一两个变成十几个。改革第二年，学生考上大专以上的人数突破了100人，其中被本科院校录取的人数大幅度飙升，增长率居全市第一，高考成绩取得历史性突破。2007年，廉江市第五中学的高考综合指标在湛江市55所中学中排名第十位，学校被评为"湛江市精神文明先进单位"，并连续六年被评为"廉江市高考及中考先进单位"。

相对于其他学校而言，廉江市第五中学每前进一步，所面临的挑战都要大得多。但打造"绿色五中"的办学理念提出仅一年，学校就发生了巨大的变化，办学规模扩大了，教学质量提高了，这使得廉江市第五中学声名鹊起。昔日被边缘化的廉江市石城中学，如今变成生机勃勃的廉江市第五中学，成为湛江市所有中学中有较大影响力的学校。

第五节　敢为人先，勇于开拓

2008年7月，张旭被廉江市委、市政府任命为廉江市第一中学筹建办常务副主任，同年8月又被任命为常务副校长。从原来一所有4200多人规模的中学的校长，到面对160多亩荒坡，筹建新的学校，张旭又开始了新的征程。

一、建校的艰难预设

在接受任务之前，张旭综合考虑了许多因素，认为在短时间内筹建一所高水平的中学，实在不是一件易事。更何况，当时在廉江市第五中学担任校长的张旭，正积极推进教学改革，他立志要带领学校踏上一个新台阶，此时让他去筹建一所新的中学，对张旭而言，是一件难以抉择的事情。

笔者：廉江市第五中学在您的带领下稳步发展，在这个时候，您却离开学校去筹建一所新的中学，其中的艰难您当时必然预见到了，是什么原因让您毅然决定接受挑战呢？

张旭：经过几年的发展，廉江市第五中学发展的势头很猛，也逐步走上正轨了。当时市里有一个规划，就是筹建廉江市第一中学。有一天晚上，廉江市组织部部长找我去谈话，说市里想筹建一所新学校，初步决定让我参与筹建工作，问我愿不愿意。当时因为我一点儿思想准备都没有，所以谈话从傍晚7点多一直持续到晚上11点多，我也没答应。后来我考虑到，廉江市第五中学的发展已经定型了，而筹建一所新的学校，需要一切从零开始，有这么一个供自己施展才能的平台，也不是一件坏事。再加上，筹建一所新中学，是造福廉江人民的千秋大业。我回家考虑了三天时间，对新学校的筹建有了一定的思路，于是就答应了这件事。

在接下这一项任务之前，张旭对可能出现的情况做了三种预设。

一是陌生的程序。在这么短的时间内完成如此浩大的工程，需要打破常规，有时还可能出现违规的情况，自己很可能被处分、被免职。但张旭认为自己肯定不会违纪犯罪，不会出大问题。

二是难防的威胁。要筹建学校，必先征地，这肯定会伤害一部分人的利益，自己有可能遭到围攻、殴打，人身安全难免会受到威胁。

三是过度的劳累。建设一所学校，是一项浩大的工程，是一件极其不容易的事，自己极有可能由于劳累过度，出现各种疾病问题。

考虑清楚各种情况后，张旭告诉廉江市组织部部长自己愿意完成筹建廉江市第一中学的工作。很多人知道后，纷纷劝阻他。然而，面对各种质疑、警告、劝阻，张旭还是坚持自己的选择。他知道，筹建廉江市第一中学，对自己而言，既是机遇，又是挑战，不能因为面临困难就畏缩不前。

二、建校的五大难题

从2008年7月16日成立廉江市第一中学筹建办公室开始，到2009年7月30日止，仅仅一年的时间，要在大塘岭这片荒坡上建成一所现代化的中学，谈何容易！更何况还要按照廉江市委、市政府高起点、高标准、高规格的要求筹建学校，更是难上加难！

面对前所未有的挑战，张旭没有退缩，而是迎难而上，以勇于开拓的精神进驻建设工地，成为一头“开荒牛”。

（一）征地多番受阻

学校建设需要征用大塘村的土地，张旭就经常到大塘村做群众的思想工作。为了省钱，他和村干部、群众讨价还价，耐心地说服群众，让群众支持学校的建设。所征土地上有200多座坟墓，要说服群众迁坟很不容易。张旭做了大量的说服教育工作，赢得了大部分群众的理解，但有一些群众还是处处刁难，有的人更是恶语相向，甚至恐吓、围攻他，他都好言相劝，以宽容之心对待这些群众。

但也有好言相劝解决不了的问题。迁坟工作进行一段时间后，还有一些"钉子户"怎么都不同意迁坟。由于开工时间紧迫，张旭他们只好采取强硬手段，把这些坟墓迁了出去。这惹怒了那些"钉子户"，他们组织一批人把张旭的家团团围住。当时张旭不在家，他在接到妻子的求助电话后，立即报警。那些"钉子户"在张旭家烧香、咒骂、吵闹。无奈之下，张旭只好把情况报告给廉江市市长，市长一时也想不到什么好办法，只指示妥善处理，尽量耐心地做好说服工作，有需要时可以找市委书记帮忙。张旭再三考虑，决定请市委书记帮忙。市委书记了解情况后，十分重视，马上让公安干警协助张旭处理事情。张旭找到那些闹事的村民，放下"狠话"："你们要是敢动手，后果自己负责！如果想解决问题，就派代表与我们谈判！"对方见张旭态度强硬，不敢再闹事，派代表与校方谈判。

尽管遇到很多困难，但张旭都没有退缩，而是与一些村民斗智斗勇，最终顺利地解决了征地和迁坟问题。

（二）招师招生遇困

廉江市第一中学是一所新建的学校，没有任何知名度，还没开学，学校就遇到两个棘手问题：教师不愿意来这里任教，家长更是不愿意把孩子送来这里读书。张旭决定先解决师资问题。如何解决呢？他采取了三项措施。第一项措施，张旭请示廉江市教育局，获得人事授权，可以从市里每所中学每科抽调至少三名教师来学校支教三年，三年后教师可自己决定去留，同时许诺他们的工资和福利与在原学校时一样。第二项措施，面向乡镇中学招考教师，选择一批骨干教师来学校任教。第三项措施，面向应届毕业生招聘，挑选一些年富力强的教师加盟。张旭带领这些教师参观校园，向他们介绍学校的环境设施和办学前景，引导他们以主人翁的身份建设好学校。

组建好教师队伍后，张旭开始筹备招生事宜。此时已是8月，距离9月开学只有短短一个月的时间。如何吸引学生来校就读？如何招到优秀学生？学校是新建的，没有任何名气，难以取得家长和学生的信任。张旭召集一些家长开会，向他们介绍学校的发展前景，告诉他们，尽管学校是新建的，但是学校领导和教师都是经验丰富和充满激情的，绝对有能力教好学生。但家长依然不为所动，纷纷要求孩子报考重点中学。张旭让教师挨家挨户发动学生前来报名，但是家长们都拒绝了，甚至说一些难听的话。许多教师回来后向张旭诉苦，直言不愿意再去发动学生来报名了。张旭就亲自出马，好言好语地劝说家长。张旭还联系电视台，全面介绍廉江市第一中学这所新型学校，让学校为人所知。几经努力，学校终于在开学前招到3000多名学生。尽管招不到多少优质生源，尽管许多学生还抱着怀疑的态度，但张旭坚信，学校肯定能在三年内出成绩！

（三）资金极度短缺

要真正建设好新学校，仅仅依靠政府投入的资金是远远不够的，张旭想到了贷款，希望用贷款来完成学校的工程。张旭认为，办学是政府行为，贷的钱应该由政府而不是由学校偿还。但是廉江市政府不同意担负还贷任务。在没有资金的情况下，工程停工了。张旭找到市长，向他请求支援。张旭建议，建设一所高水平的学校，应该举全市之力，现在建校资金紧缺，可以以“教育费附加”为抵押进行贷款。市长终于答应他会研究解决这个问题，只要贷到款，完成建设工程，市政府可以承担还贷任务。在得到“红头文件”后，张旭开始启动贷款程序。一天时间里，他找了多家银行的领导，与他们谈判，最后在廉江市委、市政府的支持下，湛江商业银行廉江支行同意向廉江市第一中学发放8000万元的贷款。筹集到了建设资金后，张旭不敢乱花一分钱，确保每一分钱都花在学校建设上。廉江市第一中学的建设终于有了有力的保障。

（四）与多部门周旋

在办理学校筹建事务时，张旭凭着一股冲劲，背着一摞摞资料，去湛江，跑广州，日夜兼程，与时间赛跑。可行性报告写出来了，他就赶快去跑立项；征地、测量、规划，事情很烦琐，涉及的问题很多。为了设计好的校园，张旭和筹建办的领导、设计院的工作人员几乎跑遍全省名校，集思广益，参考多所名校的优点，竭尽全力地想把学校设计成新时期建设的典范。

完成这些工作，免不了要与多个部门打交道，这可不是一件容易的事。张旭在办证过程中找各部门领导签字时就遇到了各种各样的困难，但他有足够的耐性、胆量和魄力，最终提前完成了这些艰巨的任务。

张旭不是一个轻言放弃、肯向挫折低头的人，尽管受到多方面的阻挠，他还是坚定信念，不怕艰苦，向着预设的目标迈进。在办理环境评估报告时，湛江市环境保护局的领导被张旭热心教育事业、夜以继日工作的精神所感动，决定免费为廉江市第一中学办理相关手续。

（五）家人多番埋怨

学校要赶在 2009 年秋季建成并招生，工地建设每天都必须抓紧时间赶工。抓进度、抓安全、抓质量，在半年多的时间里，张旭从未睡过一个像样的午觉，晚上工作到凌晨 3 点也是常有的事。困了，他就在办公桌或车上打个盹儿；饿了，他就找点干粮吃。在工地施工最紧张的时候，他的妻子病倒住院了，他都无法陪护在身边；他的女儿因长时间没见到父亲，对他有了怨气。没有白天、黑夜之分，更不要说节日和假期，为了高水平地建设这所学校，张旭花费了很多精力。他不是不知道家人埋怨，但只能狠下心，一心一意扑在工作上，只为了高效高质地完成任务。

就这样，张旭带领着只有几个人的管理团队，解决了建校的五大难题。2009 年 9 月 1 日，崭新的校园迎接着来自不同地方的 3100 多名学子。

三、令人惊诧的"橙乡传奇"

8 个多月时间，建设出一所高质量的现代化学校；3 年时间，学校办学取得优异的成绩。廉江市第一中学，这所在红橙之乡建立不久的学校，书写了令人惊诧的传奇。

（一）创造"廉江速度"

2009 年 4 月 20 日，湛江市市委书记视察廉江市第一中学建设工地时，了解到张旭他们仅仅用 3 个月时间就完成了 10 幢大楼的建设工作后，对廉江市第一中学的建设速度大为赞赏，并紧紧握住张旭的手，叮嘱他一定要把学校建设好，不要辜负廉江人民的期望。

从2008年12月18日动工到2009年8月28日完成，仅仅用了8个多月的时间，10幢大楼拔地而起，一个颇具现代化色彩的校园建成。张旭，这位廉江市第一中学的奠基者，以其积极创新的精神和坚韧不拔的毅力，开创了廉江市学校建设的“廉江速度”，为廉江早日普及高中教育打下了基础。

（二）创造“廉江奇迹”

评判一所学校优劣的重要指标是教学成绩。张旭清楚，廉江市第一中学作为一所新学校，只有把教学成绩提上去，才能赢得人们的肯定。因此，张旭带领全校教职工苦练教学基本功，一切以学生的发展为本，决定以优异的教学成绩回报社会。

1. 中高考喜获佳绩

2012年，廉江市第一中学在办学后的首届高考中实现“开门红”。高中部学生中上本科线的有584人，三名文科类考生在廉江市所有文科类考生的成绩排名中分别居于第一名、第三名、第四名；两名理科类考生在廉江市所有理科类考生的成绩排名中分别居于第三名、第四名。同年，廉江市第一中学初中部学生的中考成绩也创造了一个奇迹。学生中考上重点中学湛江市第一中学的有63人，考上湛江市第二中学的有41人（湛江市第一中学、湛江市第二中学当年分别在廉江市招100名学生）。本校学生在湛江市所有学生的总成绩排名中，前10名中占3名；在廉江市所有学生的总成绩排名中，前10名中占8名，前20名中占16名。学生中总分在800分以上的有251人，占考生总人数的1/3。单科成绩中，物理得满分的有41人，化学得满分的有32人，历史得满分的有31人，数学得满分的有22人，政治得满分的有22人。

2. 学科竞赛捷报频

2011年，廉江市第一中学的学生参加广东省高中生物联赛，获得一等奖的有2人，获得二等奖的有7人，获得三等奖的有26人，7位同学获得参加全国生物联赛的资格，刘江天同学在全国生物联赛中荣获三等奖；在全国高中化学竞赛中，获得一等奖的有2人，获得二等奖的有4人；在全国高中物理竞赛中，刘江天同学以廉江市最高分的成绩荣获三等奖；在全国高中数学竞赛中，杨联同学荣获三等奖；在全国高中英语竞赛中，有2人荣获二等奖，13人荣获三等奖，获奖人数在湛江市所有学校中排名第三；在全国初中英语竞赛中，有1人荣获一等奖（廉江市唯一一名），6人荣获二等奖，6人荣获三等奖，获奖人数在湛江市所有学校中排名第三。

2012年，廉江市第一中学的学生在广东省高中生物联赛中，获得一等奖的有2人，获得二等奖的有15人，获得三等奖的有22人；在全国初中数学竞赛中，获得一等奖的有2人，获得二等奖的有3人，获得三等奖的有5人；在全国初中物理竞赛中，获得一等奖的有2人，获得二等奖的有7人，获得三等奖的有8人；在全国初中化学竞赛中，获得一等奖的有5人，获得二等奖的有9人，获得三等奖的有8人。

2013年，廉江市第一中学的学生参加全国高中英语竞赛，高二年级的学生中有2人荣获三等奖，高一年级的学生中有5人荣获二等奖，8人荣获三等奖，获奖总人数在湛江市所有学校中排名第四；在全国中学生作文大赛中，获得一等奖的学生有12名，获得二等奖的学生有25名，获得三等奖的学生有43名，获得优秀奖的学生有69名；在广东省中学生生物学联赛中，获得一等奖的有3人，获得二等奖的有3人，获得三等奖的有18人；在全国初中数学竞赛中，获得一等奖的有6人，获得二等奖的有6人，获得三等奖的有3人；在全国初中化学竞赛中，获得一等奖的有3人，获得二等奖的有9人，获得三等奖的有3人；在全国初中物理竞赛中，获得一等奖的有3人，获得二等奖的有2人，获得三等奖的有4人。

3. 个性特长展英姿

在第十三届“我爱祖国海疆”全国青少年航海模型教育竞赛中，王思琪同学荣获“杭州号”现代级导弹驱逐舰模型航向赛全国一等奖，并荣获制作赛全国二等奖，郑钰铿同学荣获制作赛全国三等奖；在第十四届“飞向北京一飞向太空”全国青少年航空航天模型教育竞赛中，徐捷同学荣获

“美嘉欣”遥控直升机任务赛全国一等奖，李铮同学荣获全国二等奖，曹云同学荣获“天戈”遥控直升机障碍赛全国二等奖，王子铭同学荣获“雷鸟”橡筋动力飞机竞时赛第四名，曹云同学荣获纸折飞机直线距离赛全国三等奖；学校学生参加湛江市第五届中小学艺术展演，荣获合唱类第一名，舞蹈类第二名。

三年之后，中考和高考的成绩一公布，廉江市第一中学的名号彻底打响了，它成为学生、家长眼中的“重点中学”。现今的廉江市第一中学，校园美丽、设备先进，校风好、教风正、学风浓，教师乐教、学生勤学，好人好事蔚然成风，获得了全市人民的一致好评。

第二章　寻根与突破：“积极”与“创新”的专业求索

廉江市第一中学建成后，摆在张旭面前的难题是如何确定办学宗旨和奠定办学基调。经过深思熟虑，张旭开辟了一条教育“寻根”之路，即向优秀的传统文化寻根，通过传统文化的熏陶，使学生怀有一腔热爱中华文化之情，拥有一颗热爱中国之心；向崇高的社会道德和良好的行为习惯寻根，为学生打下良好的人生品格之基；向精细管理寻根，为学校的跨越式发展筑牢根基。寻根，不是一味地遵循过去的文化传统，而是要寻回被历史和现实边缘化了的优秀传统文化，结合积极创新的专业求索，不断改革和研究，挖掘有价值的东西，实现教育上量和质的突破。

第一节　访古寻根，文化育人

提起传统文化，有所涉猎的人多会感叹：中华传统文化博大精深，源远流长，兼容并蓄，和而不同。但也有些人对传统文化不屑一顾，认为传统文化已经过时了。这些人没有认识到，在人类历史上的四大文明古国中，只有中华文化作为文化主体保留至今，其作用和价值是不言而喻的。

能发现中华传统文化的价值并成功挖掘出来，必将有不一般的成就。在张旭看来，华夏文明流传五千年生生不息，其价值是难以衡量的。他以开辟优秀传统文化为突破口，在学生中广泛开展中国传统文化教育，向优秀的传统文化寻根，向素质教育的要求看齐，为学校的发展和学生的成长增添文化底色。

一、思维创新，独辟蹊径

创建廉江市第一中学之后，张旭想：一所学校，如果没有自己的特色，是无法形成品牌效应的。苦思办学思路之际，张旭想起了自己一直尊崇的儒家思想，想到了中国古代的思想家、教育家孔子。他认为，孔子的优秀教育思想，《论语》《弟子规》等经典著作，都是人类文明的精华，何不以此为突破点，思考办学思路呢？张旭连忙召集教师开会，说了自己的想法，大家经过一番讨论敲定了办学思路：以儒家传统文化为依托，以论语广场为平台，以儒家经典文本为载体，打造学校的特色品牌。

（一）尊孔诵经，初定思路

儒家有很多经典著作，比如，《论语》是一部蕴含伦理道德、社会政治、文化教育、品德修养等的典籍，是“教人如何为君子”的典籍。作为伟大的教育家、思想家，孔子的全部教育活动和教育工作几乎都属于德育工作范畴。《论语》博大精深，对现代德育工作仍有重要的指导意义。

《弟子规》的内容采用《论语》“学而篇”第六条的文义，列述弟子在家、出外、待人、接物与学习上应该恪守的规范，是启蒙养正、教育后辈，从而形成忠厚家风的最佳读物。

张旭理清思路，挖掘儒家经典中的德育内涵，引导学生尊孔读经，将其打造成廉江市第一中学的特色文化。

（二）搭建平台，打造品牌

建设论语广场是张旭的大胆设想。在廉江市委、市政府的支持下，廉江市第一中学创造性地建设了全国首个论语广场。论语广场于 2010 年 1 月 29 日正式竣工并全面开放。上级相关领导亲自到学校召开专题会议，明确指出建设论语广场的重大意义，充分肯定了张旭的这一创举。在问及建设论语广场的目的时，张旭说：“建设论语广场，是为了‘弘扬传统文化，传承国学经典’，营造浓厚的德育教育氛围，使学生明白‘诵经尊孔学做人，知书达礼成大业'的道理。"论语广场是廉江市乃至广东省教育系统的一大创举，为廉江市第一中学进行传统文化教育搭建了一个便捷的平台。承载着儒家优秀文化的论语广场，成为廉江市第一中学的品牌和标志。

二、大胆探索，不遗余力

办学质量是学校的生命线，作为校长，张旭把办学质量看得比什么都重要。怎样才能提高办学质量呢？张旭想到了教师队伍建设。

作为一所新学校，廉江市第一中学的教师主要以引进师范院校毕业生为主，所以学校的教师普遍年轻。在长期的教育实践中，张旭深刻体会到，学校的办学质量说到底就是教师的质量，而教师队伍的希望在青年教师身上，把青年教师培养成能独当一面的优秀教师，必定能大大提升办学质量。为此，张旭提出了一系列关于教师培训的设想。

（一）名师计划，缜密有序

廉江市第一中学的教师以中青年教师为主，其中青年教师接近一半。对青年教师，张旭提出三年循环教学制，即让青年教师由一年级带班到三年级，通过三年的循环教学，掌握所教学科的基本内容和技能，逐渐成为优秀教师。对中年教师，学校制订了《廉江市第一中学名师培养方案》，每学年推选十位名师培养对象，到广东实验中学拜师学习，并承担校级示范课教学、开展课题研究等，借此提升他们的专业能力，助其早日成为名师。张旭还制订了教师培养的具体方案，从而有效地促进了教师的成长。

（二）科教兴校，不遗余力

张旭重视科技兴校，科研促教。他鼓励教师大胆创新，支持教师开展课题研究与校本课程开发。张旭以教研组、备课组为单位，定期组织教师开展教研活动，以公开课、示范课的形式开展校本研究。他还鼓励教师结合教学中遇到的问题积极开展课题研究。2010 年 10 月，课题"语文教学中弘扬传统文化的途径”通过中国教育科学研究院的审批并立项，初期成果已编成校本教材《读〈论语〉学做人——让青少年受益一生的儒学智慧》并出版；2011 年 11 月，获得广东省教育厅立项的课题“化学优质课堂构建的理论与实践研究”顺利结题，结题论文在广东省科研论文评比中获二等奖。

面对师资力量薄弱的问题，张旭没有气馁，而是大胆探索，不遗余力地培养教师，为打造精锐教育之师努力和奋斗着。

三、 崇德尚礼， 德育领先

怎样的德育才能让学生乐意接受，达到最佳的效果呢？这是张旭一直在思索的问题。访古寻根，张旭从中华五千年的优秀文化中得到启发：从儒家经典中挖掘德育内涵，把“崇德尚礼”打造成廉江市第一中学独具特色的教育理念，让学生在学习儒家经典的过程中感悟传统文化的魅力，潜移默化地接受德育。

（一）健全机构，完善制度

健全德育机构，制定完善的制度，才能保障德育工作顺利开展。在张旭和学校其他领导成员的努力下，学校形成了德育工作双线管理结构：一条线是“校长—政教处—年级长—班主任—政治教师—校外共建单位”，另一条线是“党支部—团委会—学生会—班委会、团支部”。除了专门的德育机构外，学校还成立了德育工作领导小组，由张旭亲自担任组长，带领小组成员深入德育一线，督促年级长和班主任科学开展学生德育工作。

在制度方面，学校制订了《廉江市第一中学“争双优，创标兵”评比方案》《廉江市第一中学教师职业道德考核奖惩方案》等，通过具体的制度来规范德育工作。张旭要求学生开展在国旗下诵读《弟子规》以及相关主题演讲活动，建立学生品德行为综合评价考核制度，建立学困生跟踪教育制度等，以健全的管理制度保证德育工作有条不紊地进行。

（二）课堂渗透，育心育德

在课堂上渗透德育内容是保证德育工作顺利进行的主要途径。张旭主持制订了《学科教学渗透德育计划》，指导各学科教师根据教学内容在课堂教学中渗透德育内容。张旭还主张专门开设德育课程，如初一、高一每周三开设一节校本课，各年级每周安排一节以德育为主题的班会课，每月安排一节心理辅导课等，引导学生学会做人，真正达到育心育德的效果。

张旭独具慧眼，高瞻远瞩，准确把握学校教育发展的方向，在传统文化中成功挖掘出德育内涵，确立“读圣人书，立君子品”的德育工作思路，在全体师生中开展中国传统文化教育，为学校的稳步发展和师生的成长奠定了坚实的基础。

第二节 改革突破，课题研究

如何突破德育瓶颈？张旭想到了课题研究。开展课题研究，对学校而言，有利于提升办学质量；对教师而言，有利于促进专业成长。在课题研究中，教师能以理论学习为先导，以探索创新为重点，促进自身的专业化发展。张旭决定根据学校的实际情况，组织教师进行系统的德育研究。

一、借助课题，推进德育工作

2011年，张旭着手进行“德育创新与特色发展校本研究”课题的研究，并获得广东省中小学德育研究与指导中心的立项。在开展课题研究时，张旭首先建立研究团队，并要求团队成员根据研究目标落实各自的研究任务；其次，确定研究对象，张旭要求全校86个班5000余名学生全部参加实验，建立“群体探究”模式，让参与者互相学习；最后，要求教师提出自己的想法和建议，并定期开展讨论。

这项课题研究涉及学校、教师和学生的方方面面，张旭在每一个细节上都力求做到尽善尽美。

（一）课题研究的目标

第一，通过该课题的研究，努力提高教师的思想品德素质、科学文化素质和心理素质，使教师在德育实践中努力掌握教育方法，建立起一支具备良好修养、勇于开拓创新的教师队伍；推动学校素质教育实践不断深入，并结合学校的实际情况开发德育校本课程，进而优化德育管理，提升德育效果。

第二，通过该课题的研究，努力提高学生的自我教育、自我管理、自我发展的水平，从而实现学生道德水平的全面提升，构建和谐校园、文明校园、平安校园，创建优质学校。

第三，通过该课题的研究，培养全面发展的新世纪人才，创设和谐、民主、愉悦的德育氛围，最大限度地开发学生的潜能，提高学生的素质，促进学生的个性化发展，提高全校师生的文明程度，杜绝违法、违纪事件，为全面提升教学质量、打造名校保驾护航。

（二）课题研究的理论依据

新时代要求教育工作者赋予德育工作以符合时代发展要求的内容。该课题将传统文化的传承与当今学生的思想现状紧密结合起来，研究领域广阔，具有现实意义。它既能弘扬我国的传统文化，又能凸显学校的办学特色，促使德育工作走上科学化、规范化、系统化的轨道。

（三）课题实施阶段

第一阶段（2009 年 10 月—2010 年 2 月）：准备研究阶段。具体任务是做好宣传工作，强化全校师生的参与意识，制订实验方案，确定参与研究的教师。张旭组织课题组成员对课题实施方案进行论证，然后进行修改，使之臻于完善。

第二阶段（2010 年 3 月—2011 年 2 月）：初步实施阶段。主要任务是全面开展研究。张旭组织课题组成员购买了6000余册《论语》《弟子规》作为校本课程读本，并以此为载体，规定每周三下午第三节课为《论语》选修课，给所有年级段的学生讲解《论语》《弟子规》，进行相关教育。

第三阶段（2011年3月—2012年2月）：深入发展阶段。主要任务是以《论语》为载体，全方位、多角度开展德育工作，把德育渗透在教育教学和各种活动之中，使德育工作落到实处。

第四阶段（2012年3月—2013年6月）：研究总结阶段。一方面继续完善第三阶段的研究，另一方面撰写研究报告，进行系统化总结，请专家评审鉴定，使之能推广应用。

二、坚持原则，深化德育

张旭认为，只有坚持原则、讲究方法，才能保证德育研究深入开展，使德育研究取得实效。

（一）课题研究的原则

1. 以人为本原则

开展课题研究，要做到以人为本，以学生的发展为本。张旭强调，教育必须面向每一个学生，平等对待学生，尊重并理解学生，正确认识学生在德育中的主体地位，让每一个学生都能得到自由发展；要给予学生充分的信任，激励他们不断发展，促使他们在德、智、体、美、劳等方面和谐发展。

2. 注重创新原则

其一，以论语广场为平台，以《论语》《弟子规》等经典著作为载体，并以传承传统文化为线索设计主题活动，引导学生崇德尚礼。其二，优化学校环境，积淀深厚的校园文化底蕴。有深厚文化底蕴的环境能对学生的思想品德、道德情操起到潜移默化的作用。其三，全校统筹，全员参与，寓德育于丰富的活动之中。张旭利用学校和本地区丰富的人文资源，通过一系列主题活动，如感恩父母、亲子互动、互动交流、成长在线等，为教师、家长与学生搭建交流的平台，使德育生活化。其四，创新学校的管理机制。

3. 联系生活原则

开展课题研究，应立足于学校实际，从学生的现实生活、现实存在、现实活动出发，让学生在学习和生活中去经历、去感悟，从而树立良好的道德意识，以及良好的世界观和人生观。

（二）课题研究的实施方法

为了使课题研究得以顺利进行，课题组成员具体采用了说理教育、榜样示范和激励指导三种实施方法。

1. 说理教育法

说理教育法是教育者通过摆事实、讲道理，启发并开导教育对象，以理服人，使教育对象提高认识、明辨是非，形成正确观点的一种教育方法。说理教育法是德育中常用的教育方法。但张旭发现，很多时候教师苦口婆心进行说教，学生却不为所动，甚至顶撞教师。面对这种情况，张旭意识到，说理教育法不等于道德说教，要使学生接受教师的教育，必须从学生的实际情况出发，恰当地运用说理方式。明白了这点之后，张旭向研究成员提出明确的要求，即对学生进行说理教育时要用生动的表述及真挚的情感去开启学生的心灵，引起他们的情感共鸣，这样才能达到德育目的。

2. 榜样示范法

榜样示范法是教育者以他人的高尚思想、模范行为和卓越成就影响教育对象，促使其形成优良品德的方法。中学生的可塑性大，模仿能力强，有了具体可感的形象作为榜样，他们就能领会道德标准和行为规范的要求。有了榜样的示范作用，他们会有意识地随着学、跟着走，这样有助于他们养成良好的道德品质和行为习惯。孔子说：“其身正，不令而行；其身不正，虽令不从。”德育并不是简单的说教，它需要教育者言行一致，因为这样才能起到榜样示范的效果。张旭为了教育乱扔垃圾的学生，常常亲自把地上的垃圾捡起来扔进垃圾箱里，这么细小的举动，远胜于千万次说教。

3. 激励指导法

激励指导法是通过对教育对象进行赞美和鼓励，激发其积极性，促使其进步的一种教育方法。每个学生都希望教师重视自己，教师如果对学生进行赞美和激励，就能满足他们的这种心理。学生受到激励后，会更加积极地学习和生活，这正是张旭希望达到的效果。

（三）课题研究的内容

1. 实施传统文化教育

其一，全校师生人手一本《弟子规》，教师到班上检查，要求学生利用午读时间朗读、背诵；每周一在升旗仪式结束后，全体师生齐声朗读《弟子规》；新学年初期开展诵读《论语》《弟子规》的活动。让学生通过读经典、背经典等活动，感受传统文化，增强感性认识；通过文明礼仪月活动，开展“文明礼仪示范班”评比和“文明礼仪学生标兵”评选，使经典学习深入学生的生活。

其二，班主任每月组织一次主题班会，并安排一节班会课播放《感恩》《母亲》《天下父母》《母慈子孝》《让生命充满爱》等视频，启发学生珍惜生命、学会尊重、学会感恩、学会奉献。

其三，利用学校广播站定期广播学习传统文化的目的、意义，营造学习氛围，让校园充满传统文化的气息；举办传统文化知识讲座，让学生通过听专家解读经典、剖析人生来加深理解，拓宽思路，提升境界。

其四，每周一升旗仪式结束后，由学生代表做《弟子规》学习心得体会专题演讲。通过演讲，促进学生对传统文化的思考、理解与吸收。

其五，在孔子的诞辰（9月28日），组织全体师生集体礼拜孔子，表达热爱传统文化之情。通过书画、手抄报等形式，开展“传统文化名言名句选读”“读《论语》，写心得”等主题活动，激活学生的创造力，拉近传统文化与学生之间的距离。此外，注重引导学生在生活中践行传统文化，引导学生尊师守纪、文明礼让，让传统文化渗入到学生的血液和心灵中。

2. 创新校园管理机制

(1) 开展精细化管理

学校根据《廉江市第一中学创“双优”评比实施方案》，每天由宿舍管理员、学生会干部、校卫以班为单位对学生的纪律、卫生、仪容仪表等进行精细化的检查。每班每天满分为100分，宿舍管理员检查占30分，学生会干部检查占60分，校卫对学生的违纪行为检查占10分；采用扣分法，得出各班每天的分数，然后综合统计一周的平均得分，评出“红色班”(双优班、标兵班)和“蓝色班”。如果班级连续三周被评为“蓝色班”，该班所在年级的组长、分管领导就要介入，督促该班班主任进行整改，直到该班不再被评为“蓝色班”为止。若连续整改两周后仍未能改善，年级组长就要会同班主任到校长办公室做出书面汇报。此举起到了奖“优”改“差”的作用，改变了以往有些班级的师生觉得落后无所谓的局面。

(2) 实行智能化管理

新生入学即采集学生信息，制作校园卡，实行校园“一卡通”管理。

第一，学生进出校门的管理。学生在正常时段进出校门，校卫必须在现场监督学生刷卡，依电脑人像显示信息和语音，核对无误后监管学生进出校门。正常刷卡后，家长会收到提示学生回校或离校时间的短信。学生在非正常时段进出校门，校卫必须严格要求学生在考勤机上刷卡，而且出校门须持有请假单。

第二，学生就寝的管理。在校就寝的学生就寝时必须刷卡进入宿舍楼，宿舍管理员必须在学生就寝时间前到现场进行监管。就寝时间结束后，宿舍管理员要及时通过电脑查询就寝情况，记录未归人员姓名、年级、班级及床位号，落实未归人员去向，并第一时间汇报给值日教师。信息最后汇总到政教处，由政教处跟踪处理。第二天将违纪者名单及其所在班级公布在教学区的电子屏幕上，并根据《廉江市第一中学创“双优”评比实施方案》进行扣分。

(3) 安装监控和报警系统

第一，安装监控系统。在校园出入口、食堂、宿舍的楼梯口等重点区域安装摄像头进行视频监控，监控系统 24 小时开启，并记录相关信息。视频监控回放图像要做到"专管人员每天定时看，主管领导每周看"，并做好记录，以便发现校园安全隐患和存在的问题并及时处理。

第二，安装报警系统。由于学校围墙"岸线"长，有些地段偏僻复杂，存在安全隐患，所以学校在围墙旁安装了红外线对射报警系统。若有人翻越围墙，监控室报警器便会发出报警声，相关信息会即时发送到校卫队长的手机上。

三、突破研究，成功结题

从 2009 年 10 月开始准备到 2013 年 6 月顺利结题，张旭主持的课题研究取得了预期效果。

（一）丰富了德育的校本资源

廉江市第一中学编写了《读〈论语〉学做人——让青少年受益一生的儒学智慧》《让心灵永远阳光——心理健康教育读本》《廉江市第一中学文明礼仪手册》等校本教材，这些教材具有很强的可读性，深受全校师生的喜爱。张旭组织制作了一批高质量的德育视频及课件，撰写了一系列德育论文，收集了很多关于《论语》和《弟子规》的故事，为后续研究积累了丰富的文献资料。

（二）提升了学校的办学层次

张旭致力于打造"德育品牌学校"，带领学校走德育创新与特色发展之路，把德育科研作为提升学校办学层次的重要载体，为学校的全面发展注入强劲活力，使学校的办学水平不断提高，办学品位不断提升。张旭多次在全市学校管理和德育工作会议中与到会人员交流德育经验，《碧海银沙·图读湛江》以"廉江市第一中学将难题变课题寻找'育人魔法'"为专题，详细介绍了廉江市第一中学德育工作所取得的成果。短短两三年时间，廉江市第一中学先后被评为"廉江市青少年德育基地""廉江市中小学德育基地”“湛江市文化建设示范单位”“湛江市文明单位”“湛江市德育示范学校”“广东省书香校园”“广东省交通安全文明单位”“广东省德育示范学校”“全国读书育人特色学校”等。学校的德育工作得到了社会各界的广泛认可，这大大提升了学校的办学层次。

（三）打造了优秀的教师队伍

学校的德育课题研究以社会主义核心价值体系为根本，以优秀传统文化为抓手，以“温、良、恭、俭、让、仁、义、礼、智、信”等儒家思想为引领，倡导“传道授业、诲人不倦、言为世则、行为世范”的师道要求。在课题研究过程中，教师努力践行德育理论，提高了自身的思想品德素质、科学文化素质和心理素质，掌握了行之有效的教育方法。在张旭的领导下，学校成功打造了一支有良好修养，具备创新观念、开拓精神的教师队伍，推动了学校素质教育工作深入开展，培养了一批骨干教师和先进个人。

（四）创新了学校的管理机制

学校实行创“双优”评比精细化、校园管理智能化、监控报警系统一体化的立体管理，这些举措有利于促使学生把校规校纪、班规班约内化为自己的自觉行为，从而极大地提高了学生的自我管理意识。

廉江市第一中学自 2009 年开展创“双优”班级评比活动以来，一直坚持每周评选一次“双优”班级。班风和班容是主要的评价依据，评选实行百分制。资料显示，被评为“双优班”的班级分数普遍在 97 分以上，被评为“标兵班”的班级分数普遍在 98.5 分以上。学生违纪的现象越来越少，守纪、文明、勤奋好学已成为学生的一种习惯。

张旭要求学生养成良好的生活习惯，督促学生在宿舍按照《廉江市第一中学学生内务规范》的要求摆放杂物，床上床下、里里外外都要保持干净清洁。周一至周五，要求学生自觉保洁，周六和周日则由宿舍保洁志愿队主动打扫。

（五）形成了优良的校纪校风

学生在《论语》《弟子规》等经典的潜移默化的影响下，伴着“文明礼仪活动月”等一系列活动的开展，以点带面，立德树人，营造了积极向上、崇德习礼、文明和谐的校园文化环境，涌现出一批在学习、生活中学礼仪、懂礼仪、用礼仪、传礼仪的“文明礼仪学生标兵”。见到同学主动招手，见到老师主动问好，遇到来访嘉宾主动行礼，得到帮助主动道谢，已成为廉江市第一中学学生的自觉行为。另外，多微笑、多问好、多行礼也是廉江市第一中学学生的自觉追求，在各种重大活动中，廉江市第一中学的志愿者服务队更是一道亮丽的风景，获得了社会各界人士的高度评价。

学生懂得了“修身”，加强了自我管理、自我提高，道德水平全面提升，学校的好人好事更是层出不穷。每学期评出的“文明礼仪示范班”“十大爱心集体”等，在弘扬文明、传递爱心等方面起到了很好的示范作用。学校积极营造和谐、民主、愉悦的德育氛围，最大限度地激发学生的潜能，全面提升学生的素质，达到了以德修身、以德领才、以德润才的目的，取得了明显的教育成效。深入人心的德育工作，极大地提高了全校师生的文明程度，学校的校纪校风焕然一新。

（六）提高了学校的办学效益

张旭把德育创新与现代教育结合起来，充实学生的精神文化生活，引导学生追求真、善、美。张旭认为，德育实施应全面、全程、全员，为此，他进一步加强了文学社、书法兴趣小组、摄影兴趣小组、科技制作兴趣小组等社团的建设，坚持开办各类知识讲座，开放图书室、科技室，在做好德育工作的同时，培养学生的兴趣爱好、个性特长。在他的努力下，学生爱学乐学，教师重教乐教，学校的教学质量不断提高，廉江市第一中学的名号打响了。

在“德育创新与特色发展校本研究”这一课题研究取得一定成果后，张旭并没有沾沾自喜，而是一如既往地深入研究，对独具特色的德育模式加以完善，努力使德育工作更上一层楼。

第三节　惊才艳艳，多方赞叹

张旭以卓著的教育成绩、独特的人格魅力和谦逊的待人方式，赢得了社会各界人士的高度评价。

一、赢得社会的赞美

廉江市第一中学建校至今，各方面都取得了骄人的成绩。张旭，这位廉江市第一中学的奠基人，在教育过程中书写了很多传奇。

国学经典润泽心灵[①]（节选，有删改）

“老师，您好！”“老师，您辛苦了！”到过廉江市第一中学的人，都会被学生的文明礼仪所感染。在廉江市第一中学的校园内，即使是与陌生人相遇，学生都会热情地打招呼。省外的一位教育专家慕名前来廉江考察，在走访了数十位师生之后，他感慨地说：“我到过全国各地那么多名校，廉江市第一中学学生的文明礼仪让我印象非常深刻！”

长期的国学经典教育，使得廉江市第一中学的学生能在生活中践行传统文化，自觉地尊师守纪、文明礼让。传统文化的精髓正逐步渗入学生的心灵。一名高中语文教师告诉记者，自己班上的小张同学学习成绩不好，调皮捣蛋，厌学，自卑，对生活没有信心。对于这样的学生，学校专门组织他们集体礼拜孔子，让学生通过敬拜圣人，向圣人学习礼仪、学习做人、学习读书。学校每学期通过书画、手抄报等形式，开展“传统文化名言名句选读”“读《论语》，写心得”等主题活动，激活学生的创造力，拉近传统文化与学生的距离。经过一个学期的国学经典教育，在学习背诵《论语》《弟子规》等大量经典之后，小张同学对生活的态度发生了极大的转变，自信心也得到恢复。他不仅在家里非常孝顺父母，还学会了关心他

---

① 丁乐平，郭光意．国学经典润泽心灵［N］．湛江日报，2011－11－20（4）．

人。小张同学的父母笑得合不拢嘴。

学习传统文化在廉江市第一中学已成为一种时尚，传统美德也逐渐深入人心。在校园的每个角落，经常可以看到学生诵读《论语》《弟子规》等经典著作。班会课上，学生们可以收看《感恩》《母亲》《天下父母》《母慈子孝》《让生命充满爱》等视频。学生在课余时间还可以收听"校园之声"定时播出的传统文化知识讲座、中国古典音乐等。这一切让绿树红花掩映的美丽校园，处处溢满了浓郁的传统文化书香。学校的优秀传统文化教育，取得了非常显著的教育效果。校园清洁干净，好人好事蔚然成风。学生家长说，孩子接受传统文化的"洗礼"，将受益终生。

厄瓜多尔共和国瓜亚斯省政府代表团在廉江市第一中学考察时，副省长帕梅拉·阿奎莱拉和马里奥·古兹曼等人对学校的校园环境和传统文化教育大加赞赏，充分认同该校用先贤智慧哺育后代的做法。广东省人口与文化促进会常务副会长、传统文化教育专家孙海林在参观廉江市第一中学时，也高度评价其传统文化教育形式独特、成效显著、影响深远。

敢为人先、敢于开拓、敢于创新，创造了"廉江速度"的廉江市第一中学奠基人，谱写了湛江教育传奇的改革者，这一个又一个的赞誉是对张旭教育业绩的肯定。面对外界的赞美，张旭一直保持着清醒的头脑，不骄不躁，继续谋划教育新篇章。

二、 获得教师的尊敬

（一）以人为本

张旭比较推崇中庸之道，认为以人为本是人与人之间和谐相处的关键。何为"以人为本"呢？首先要体谅他人。比如，学校要求每周一早上全校师生一起进行升旗仪式，但是同时说明，教师如果有特殊原因，说明情况后可以请假。其次要注重沟通。很多问题都是由误解引起的，沟通是解决问题的重要方式。张旭在廉江市第五中学担任副校长时，有一位教师对校长很不满，多次向上级告状。张旭接任校长后，多次找那位教师谈话。他很认真地倾听那位教师的诉说，了解到那位教师认为学校奖金分配不合理，自己得不到尊重，因而对校长有意见。张旭首先肯定他对学校工作的关心，然后仔细给他分析情况，耐心开导他。通过几番沟通，那位教师再也不闹情绪了。

（二）以诚待人

张旭以“待人以诚”为处世之道。2002 年，廉江市第五中学校长一职空缺，当时具有竞争力的副校长有两位，张旭是其中之一。上级组织经过严格考察和民意测评，决定任命张旭为校长。另一位副校长的一个支持者，在民意测评时千方百计为这位副校长拉票，接着又三番五次举报张旭贪污。检察院经过调查证实张旭没有任何问题。反贪局局长告诉张旭："这是诬告，你可以反诉她，并免去她的职务。”那位诬告的教师觉得再留在学校也没意思，就提出调动工作的请求。张旭找她谈话：“其实我不计较你以前的行为，你不必调动。你如果确实要走，我尊重你。不过，在你走之前，我想帮你一把，助你一臂之力。”那位教师非常感动，流着泪向张旭忏悔。她调往其他单位后，春节回来探望张旭，对张旭说：“我从来没有遇到一位像您这样心胸宽广、以德报怨的人。您的帮助让我在新单位获得了进步，我会一直记得您的恩情。”张旭用他的豁达胸襟和以诚待人的精神，赢得了同事的尊重。

（三）成人之美

张旭认为，在人的一生之中难得有发展的机会，学校教师如果有更好的去处，应该给予支持。在廉江市第五中学担任校长时，有一位教师很想调到某重点中学任教，他已经处理好了其他所有事情，就怕张旭不肯签字。来找张旭时他很紧张，一边讲话一边发抖。张旭跟他说：“不要紧张，调到××中学是好事。虽然你是我们学校的干将，人才难得，但是如果去那里工作对你的发展更有利，我会支持你，我给你签字。”那位教师非常激动，很感激张旭。

（四）关心教师

宽以待人，关心别人，一直是张旭秉承的为人处世原则。张旭经常对学校的其他领导说："只有宽以待人，师生才会有安全感，才能营造和谐的环境，才有民主的气氛，这样学校才会有生气、有活力。"张旭在担任校长期间，学校出现了零投诉、零举报的局面，他以豁达的胸襟关心教师的行为，赢得了大家的衷心拥护。

三、 换来学生的爱戴

在学生面前，张旭从不摆架子。他温和而亲切，平等地对待每一位学生。对生活上有困难的学生，张旭会给予最真切的关怀，切实帮助学生。

2012年，高一（5）班的学生小敏因先天性脑血管畸形导致脑出血。张旭了解到小敏的病情及其家庭情况后，向全校师生发出了捐款倡议书。仅一天时间，全校师生自发捐款3万多元。紧接着，张旭带领学校团委、学生会相关负责人带着这笔捐款从廉江赶到广东医学院附属医院，亲自将捐款交到小敏父母的手上，并叮嘱他们振作起来，学校的全体师生会做他们的后盾，支持他们一家。

张旭不但帮助病危学生，还资助贫困学生。有一年秋季刚开学时，身为班主任的张旭发觉班中一位姓陈的女生心事重重，直觉告诉他这个学生家里可能出了什么事情。张旭骑着自行车到离学校20多公里的新民镇家访，但奇怪的是，按这位学生提供的地址，他连去两次也没找到该学生的家。无奈，张旭利用周末学生回家的机会，悄悄跟在她的后面。看到学生的家时，张旭简直不敢相信自己的眼睛。所谓的家，竟只是一间茅屋。当张旭出现在茅屋时，那位学生蹲在地上号啕大哭。她很想通过读书改变自己的命运，但显然，这样的家境不可能支撑她读完高中，她将被迫辍学到外面打工养家。

张旭是靠着11年寒窗苦读才走出农村的，他深知作为一个农村孩子，要改变自己的命运并不容易。张旭的生活并不宽裕，但他还是决定每个月拿出一部分工资资助这位学生上学。为了更好地帮助这位学生，他带头为这位学生捐款。在他的带动下，全班学生纷纷伸出了援手。后来，这位学生顺利读完高中，并被西北一所高校录取。

多年来，当年看到的那间茅屋一直印在张旭的脑海里，他知道家庭贫困的学生绝非少数。2002 年 8 月，他接任廉江市第五中学校长后，向全校师生保证，决不让学校任何一个学生因交不起学杂费而辍学。后来，张旭倡议设立“清华园基金”等，现已帮助数百名学生顺利完成学业，其中有不少学生走进大学，继续深造。

张旭认为，捐款济困只是爱心教育的一种形式，他期待更多的师生能从中受到启发，创造条件，创新形式，不断强化爱心教育，每一位师生都能成为富有爱心的人。他觉得，作为一名教育者，没有什么比帮助学生更让人开心了。

张旭，这位带领廉江市第一中学走在教改前列的管理者，以他创新的思维、先进的理念、勇于探索的精神、敢于突破的魄力，寻根于优秀的中华传统文化，让德育在廉江市第一中学开出最具本土特色、最别致灿烂的花朵。不断地突破，不断地超越，不断地创新，相信张旭的教改成果将会更加丰硕！

张旭认为，德育是扎实人生的根本，是鼓舞人心的利器，也是树人成事的保证，应该渗透到学校教育的方方面面。为了加强德育建设，他着力打造论语广场，鼓励学生践行“三道”思想，彰显学校办学特色，运用德育智慧，成就学生的德行人生。

中篇 教育理念

打造灵动的教育场

第三章 德育目标 滋润人生

第四章 德育理念 驱动人生

第五章 德育智慧 德行人生

第三章　德育目标　滋润人生

当前中国处于社会转型时期，人们表现出来的功利主义、利己主义、享乐主义、拜金主义等，使德育工作受到了空前的挑战。如屡屡发生在我们身边的老人摔倒了却没有人敢扶的事件，令人们不得不思考当下德育工作中出现的问题。古人说："人之初，性本善。性相近，习相远。苟不教，性乃迁。"如何把道德教育提上日程，通过德育全面提升人们尤其是青少年的思想道德素养，就成为学校工作中迫在眉睫的事情。

第一节　德育：扎实人生的根本

德育是实实在在的"精神营养餐"，它渗透在学校的每一份规章制度、每一次课堂教学、每一次主题活动，以及每个人的一言一行中。德育具有生活化、综合化、行动化、体验化和未来化的特点，对于帮助人们树立正确的人生观、价值观和世界观，以及为社会培养"四有"新人具有重要的作用和意义。

一、德育的理论基础

（一）《论语》中的德育观点

《论语》是中国优秀传统文化的典范，蕴含了丰富的教育、政治、道德等内容，是德育工作中应该学习、理解、借鉴的宝贵资源。《礼记·大

学》指出："古之欲明明德于天下者，先治其国。欲治其国者，先齐其家。欲齐其家者，先修其身。欲修其身者，先正其心。欲正其心者，先诚其意。欲诚其意者，先致其知。致知在格物。物格而后知至，知至而后意诚，意诚而后心正，心正而后身修，身修而后家齐，家齐而后国治，国治而后天下平。"当今社会处于转型期，社会主流价值观倾向于经济中心论，经济收入与经济发展几乎成为个人价值和社会价值的全部体现。在这种现状下，借鉴儒家的"仁""爱"思想，对学生进行德育有很大的现实意义。

（二）"心学"中的德育观点

我国明代思想家王守仁说："知是行之主意，行是知之工夫；知是行之始，行是知之成。"他提出了"知行合一"的观点。所谓"知"，是指人的道德意识和思想意念。所谓"行"，是指人的道德践行和实际行动。"知"与"行"的关系既是指道德意识和思想意念的关系，也包括道德践行和实际行动的关系。知中有行，行中有知，知行合一。德育要讲究道德意识和实际行动的统一。一个具有强烈道德意识的学生，不会对身边或社会的不文明、不道德行为采取漠视的态度；相反，内心的良知会呼唤其采取实际行动检举或制止那些不文明、不道德的行为。

（三）洛克的德育观点

英国哲学家约翰·洛克认为，道德行为乃是人生最重要、最不可缺的，缺乏道德行为就无所谓人生幸福可言，因为缺乏道德行为的人不可能被人瞧得起，也难以取得事业的成功。洛克从心理学的角度提出了奖惩教育、榜样教育、练习强化等德育方法。张旭在教育中非常重视奖惩教育、榜样教育和练习强化等德育方法，如充分挖掘学生中的德育典范，把学生的优点放大并将优秀学生作为榜样来影响身边的学生。

（四）杜威的德育观点

"从做中学"是杜威的实用主义教育思想之一。他认为，一个儿童要学习的最难的课程就是实践课，假如学不好这门课程，再多的书本知识也补偿不了。在德育方面，他主张按照社会的实际生活进行道德教育，反对与社会脱节的灌输式教育。也就是说，道德教育应避免空洞的说教，让学生从行动中学会做人和做事。一次圆满成功的行动，胜过教师的千言说教。张旭精心策划科技文化艺术节活动，让学生积极参与其中，不断发现自我、展示自我，相信“天生我材必有用”。

一、 德育的含义与特点

（一）德育的含义

何谓德育?《现代汉语词典（第 6 版）》中认为，德育是指政治思想和道德品质的教育。具体而言，德育是指教育者按照一定的社会或阶级的要求，有目的、有计划和系统地对受教育者施加政治、思想、道德和品质等方面的影响，使受教育者在活动过程中受到熏陶、感染与启发，形成一定社会或阶级所需要的思想品德的教育活动，即教育者有目的、有计划地培养受教育者思想品德的活动。

（二）德育的特点

1. 生活化

德育的生活化是指德育时要遵循不同阶段学生的身心发展规律，以优秀的传统文化为载体，以学生的现实生活为切入点，密切联系学生的生活实际，组织有益于学生良好思想道德养成的主题活动。以《二十四孝》中的感恩故事为先导，张旭要求学校每年开展一次为期两天的亲子活动。校方诚心邀请各位学生的家长亲临学校与孩子一起参加活动，通过帮父母洗脚、捶背等方式，让孩子领悟“孝”的内涵。这种亲子活动就是一种充满生活气息的德育，从生活中来又回到生活中去，使学生感到真实和易于接受。

2. 综合化

德育的综合化是指德育活动内容丰富，整合了自然科学、人文科学等学科的内容。张旭倡导举办的科技文化艺术节活动，是增长学生课外知识和才能的活动，内容包括科技作品制作（演示）、遥控飞机飞行表演、“魅力一中”摄影展、现场书法比赛、美术特长班书画展、校园十大歌手总决赛、古诗文朗诵比赛等，既体现了当代中学生的世界观、人生观和价值观，又体现了自然科学、人文科学等学科内容的有机整合。科技文化艺术节活动的开展，既展现了学校素质教育的成果，又体现了品德教育、科学教育、文化教育和艺术教育等内容。

3. 行动化

德育的行动化是指德育活动体现着以德为先、以行为重的特点。张旭说：“没有什么比行动更能让人信服德育的魅力了。”在德育过程中，我们不仅要增强学生“崇德尚礼”的信念，而且要引导他们“笃行之”。以人格魅力来影响人格，以行动引领来影响行为，德育也就在无形中显得有形。张旭在奉行“每天说三句赞美的话，每天鼓励一个人”的同时，也要求每个学生每一天都要做到。教师的一次热情的鼓励，一个肯定的眼神，一句温暖的问候等，能让学生的人生信念更加坚定；同学间的互相帮助、互相关爱、互相包容、互相称赞，同样可以使大家的关系更为融洽。张旭以自身的行动影响、引领着学生，用自己的行动告诉学生——成大事者要学会从小事做起，彰显了行动化德育课堂的美。

4. 体验化

德育的体验化是指德育课堂凝聚着时间和空间上物化形态的历史文化资源，能通过学生接触的地域文化来影响学生的道德成长。张旭认为“物化形态的历史文化资源是指学校所在地域的自然地理资源、人文历史资源和社会发展资源中可以有选择地进入德育课程的资源。它的生命力在于它的具体性、鲜活性，是学生开展德育实践活动，进行自主体验、自主发展的优质资源。”① 德育应以学生已有的生存体验为着眼点，通过教师的启发和诱导，促使学生关注身边的物化形态资源，让学生在发现、体验中感

① 张旭．物化形态的历史文化资源在学校德育中的利用研究［J］．广东教育（高中版），2013（11）．

悟道德的力量，约束自身的行为。张旭语重心长地说："让学生亲自去体验一次生活的实践，胜过教师在课堂上千百次的说教。"因而，学校重视一切能让学生受益的物化形态的德育资源，并尽可能地让学生到实地去发现、体验和感悟。

5. 未来化

德育的未来化是指德育立足于优秀传统文化和现代教育实践，面向世界教育的发展，着眼于学生的未来，旨在培养德才兼备的人才。"十年树木，百年树人"，教育是一项需要长远眼光的投资，具有长时性的特点。同样，道德教育也不可急功近利地把学生的成人与成才看作当前的事情，而应把眼光尽可能放得长远。对于乱扔垃圾的学生，我们要以身作则把垃圾捡起来；对于因一念之差而犯错或走上歧途的学生，我们要宽恕他们并进行耐心的引导；对于因家庭贫困而放弃求学梦想的学生，我们应予以精神和物质的支持和鼓励。在教育的过程中，教育者应从学生的实际情况出发，宽容学生的不足，对需要帮助的学生及时予以帮助，让学生茁壮成长。着眼于学生未来的发展，为学生的未来着想，是德育的最终目的。

三、 德育的方式及其社会意义

（一）德育的方式

1. 以身立教，言行一致

孔子说："其身正，不令而行；其身不正，虽令不从。"德育讲究的是以身立教和言行一致。教育者如果说一套做一套，就不利于德育工作的推进。德育工作者在德育过程中就是一个道德榜样，其一举一动都会影响学生道德行为的养成。张旭深谙其道，为了教育乱扔垃圾的学生，他一看到有学生乱扔垃圾，就会轻轻地弯下腰，把地上的垃圾捡起来扔进垃圾箱里。"上所施，下所效"，校长的一个细小的举动，既有利于保持校园的整洁面貌，又在无形中教育了学生。这种了无痕迹的德育方式，对学生的影响很深刻，教育效果很明显。

2. 爱生知心，因材施教

德育工作是一项“人心工程”。由于每个德育对象的心理特点、个性特点和品德修养各不相同，所以德育工作者要在热爱学生、了解学生的基础上因材施教，实施有针对性的德育。道德教育不是假、大、空的说教，也没有标准答案，而是在承认个体差异的基础上，对不同年龄、个性的人采取不同的教育方法。比如，有一次一个学生假报自行车失窃案，张旭得知此事后并没有马上处罚那个学生，而是亲切地与他沟通，得知他之所以虚报自己的自行车是在学校丢的（其实是在大街上丢的），是因为他家里的经济条件不好，他怕丢了自行车后家人会责骂他。张旭在弄清原因后并没有严厉地责骂那个学生，而是用宽容的态度教育他，告诉他这种行为是不对的，要接受相应的惩罚。在遇到这类事时，张旭并没有立即批评学生，而是非常关心学生，设身处地从学生的实际情况出发，与学生进行有效的沟通，真正解决问题。怀着关爱之心来教育学生，远远胜过用处罚的方式解决问题。爱生知心，因材施教，才能真正达到德育的效果。

3. 以小见大，循序渐进

开展德育工作应从大处着眼，从小处着手，循序渐进。有人说：“当一个人面对另一个人时，展现的是礼貌；当一个人面对不在场的人时，展现的是道德。”如果说礼貌是一双“正面的眼睛”，那么道德就是一双“背后的眼睛”。“背后的眼睛”既能看到人对他人的礼貌，又能看到人对自己德行的约束。德育工作应从每一个细节做起，从小到大，由表及里，由事到理，循序渐进。廉江市第一中学的语文教师每周三都会组织学生学习《弟子规》《论语》，每周利用一节课以上的时间借助电教平台播放《感恩》《母亲》《天下父母》等相关学习视频；学校要求学生在每周一升旗仪式后进行国旗下的诵读或演讲，在亲子活动中用行动来感恩等，让学生真正学会感恩。

4. 礼乐结合，熏陶感染

中国传统道德教育非常重视礼教与乐教两者的完美结合。孔子说：“不学礼，无以立。”礼教的目的是维护人际关系的和谐与稳定。乐教则是通过高雅的音乐来熏陶和感染学生，以增加学生的娱乐体验，使学生体会到人生的快乐并追求人生的乐趣。学校尽可能为学生营造一个具有浓厚德育氛围的环境，让学生在潜移默化中受到熏陶和感染，这是廉江市第一中学德育工作的一大特色。廉江市第一中学根据学校的实际情况编写了校本教材《廉江市第一中学文明礼仪手册》，全体师生通过开展文明礼仪活动，积极践行“三道”思想，以培养师生崇德尚礼、积极向上、乐于奉献的人生观和价值观。

5. 双向交流，教学相长

张旭非常重视“双向交流，教学相长”的德育方式。《礼记·学记》中说：“学然后知不足，教然后知困。知不足，然后能自反也；知困，然后能自强也。故曰：教学相长也。”在信息时代，知识的传播速度越来越快，获取知识的途径越来越多，学生获取知识的欲望也越来越强。不断涌现出的新知识、新问题，可能教师还没接触，学生却早已接触到了。张旭倡导将德育从过去的“注重师道尊严”转变为“教学相长”，重视师生、生生之间的交流、互动，学生向教师学习的同时，教师也要向学生学习，正所谓“三人行，必有我师焉”。

（二）德育的社会意义

1. 利用历史文化资源，创新德育模式

张旭在以学生为主体、以《论语》为载体、让学生在活动中体验的基础上，创新了德育模式。他主张充分利用物化形态的历史文化资源，包括学校所在地域的自然地理资源、人文历史资源和社会发展资源等，有选择性地让它们进入德育课堂。全国首个中学论语广场，就是一种德育资源，校本教材《读〈论语〉学做人——让青少年受益一生的儒学智慧》就是在学生体验的基础上编写的，可触可感，可读可写。通过一次次的德育体验活动，学生认识了自己，发现了自我，激发了学习兴趣，养成了良好的习惯。

2. 借助优秀传统文化，增强德育的吸引力

传统的德育方式基本上是以知识灌输为主的，很少会让学生通过参与活动来接受德育。廉江市第一中学每学期定期开展学习《论语》的主题活

动，组织各年级学生参加书画比赛、征文比赛等活动，充分调动学生学习的积极性。德育的内容丰富多彩，不仅包括道德品质教育，而且包含了生命教育、科普教育、传统文化教育和外来文化教育等。当前中小学德育活动局限于照搬教材、空洞说教，无法触及学生丰富多彩又异常敏感的内心世界，不让学生读社会和大自然这本书，诸多缺乏实效的德育工作现状使诸多学校的德育教育陷入困境。[①] 廉江市第一中学博采众家之长而又独辟蹊径地打造论语广场，以优秀的传统文化为抓手，开展一系列专题活动，让实践活动贯穿整个教育过程，成为我国德育改革的一个创举。

3. 用行动化解隔阂，增进人际关系

德育在实现“德育育德，德润人生”这一目标的过程中，教人追求幸福的生活，能让人更好地实现人生的价值。要实现人生的价值，有时需要别人的帮助，这就要求我们学会用行动化解隔阂，增进人际关系。廉江市第一中学的亲子沟通活动就是用行动化解隔阂、增进人际关系的有益尝试。在中国古代，帮父母洗脚可能是一件小事，而在当下的中国，试问有几人能做到？康德说：“幸福是美的回报。”生活处处充满美的光辉，可我们有时感觉不到美甚或感受不到幸福。也许，我们不是缺少幸福，而是缺少播撒美的种子和感受幸福的心灵，缺少化解隔阂、改善人际关系的行动。

4. 汲取传统文化精华，形成积极的人生观

廉江市第一中学站在高起点规划、高标准建设的基础上，打造了全国首个中学论语广场。在浓厚的儒家思想浸润中，学生汲取儒学经典的养分，穿越时空与先贤对话，在读《论语》、学礼仪、学做人的过程中不断地提升自身的思想道德修养，站在先人的肩膀上，放眼世界，书写“人生”与“事业”这两本书。

---

① 张旭．物化形态的历史文化资源在学校德育中的利用研究［J］．广东教育（高中版），2013（11）．

第二节 德育：鼓舞人心的利器

何为利器？南朝徐陵在《梁贞阳侯与王太尉僧辩书》中说："精兵利器，势勇雷霆。"张旭认为，用德育夯实教育的根本、用德育传递教育正能量和用德育推动教育发展，这些便是德育利器，是鼓舞人心的有力手段。

一、用德育夯实教育的根本

张旭说："如果把教育比喻成一棵大树，那么道德教育就是树根，素质教育是枝叶，应试教育是果实。一棵大树只有根深蒂固才能枝繁叶茂，只有枝繁叶茂才能硕果累累。"这是他对道德教育、素质教育和应试教育三者关系的形象比喻，同时也是他对教育进行深刻剖析后得出的认识。

道德教育是对受教育者有目的地施以道德影响的活动，是社会教育的重要组成部分，它能使一定社会或阶级的道德意识转化为人们道德品质的关键性活动，内容包括提高道德认识、陶冶道德情感、锻炼道德意志、树立道德信念和养成道德行为习惯等。①

在知识信息爆炸的时代，重知识而轻能力的现象时常发生。如果把应试教育比喻成一棵大树的果实，那么，在当下中国出现的应试教育现象中，很多人看到的仅仅是"知识"这个果实。于是，一味地追求升学率，不择手段地追求高分数的现象层出不穷。诱人的果实谁都想摘取，但是我们很少思考果实的由来，想不到树根、树干和树枝在整棵大树中所起的无可替代的作用。

把素质教育比喻成一棵大树的枝叶，是说素质教育涉及的内容很多。由树干延伸出来的每一条树枝，犹如素质教育中的思想道德素质、科学文

① 朱贻庭．伦理学大辞典［M］．上海：上海辞书出版社，2002.

化素质、身体素质、心理素质、审美素质和劳动技能素质等。人的诸多方面的素质不是孤立存在的，而是相互制约、相互依存的有机整体。

把道德教育比喻成一棵大树的树根，也就是说，道德教育就是整个教育的灵魂，灵魂存在而生命不息。仁、义、礼、智、信、温、良、恭、俭、让就像一条条长长的根脉，扎根在我们生长的土壤，它们与人们的本性最接近。只有扎好了道德教育的根基，有了素质教育的枝干，才有应试教育的硕果累累。

张旭在带领学校走“以德育引领教育，以德育渗透教育”的发展道路时，尽管遭到一些质疑，但还是坚持不懈地追求着“德育育德，德润人生”这一目标。2008年，张旭参与筹建廉江市第一中学，一开始就非常注重夯实德育的根基。

“千教万教教人求真，千学万学学做真人。”张旭是陶行知教育观的忠实实践者。那么，如何教人“求真”？如何学做“真人”？

张旭认为，廉江市第一中学首先要坚持以“争一流、创特色，办名校、育英才”为办学目标，以“先成人，后成才”为德育理念，培养德才兼备的人才。为了达到目标，首先应注重礼仪、服务、品德等方面的提升，充分地展现自己的精神面貌。其次要建设和谐校园。校园是育人的一片净土，是学生的精神家园。“称尊长，勿呼名。路遇长，疾趋辑。”教师诲人不倦，乐于奉献，而学生勤学苦练。再次要使家庭和睦，做好家庭教育。家庭教育是一切教育的根基，只有家庭教育做好了，才能更好地开展学校教育。最后要平衡自我。生活在物欲横流的社会中，我们难免浮躁、心理失衡，内心感到孤独与彷徨，此时我们应学会缓解压力，保持心理平衡。

（一）用德育引领教育

德育就是把模式创新与校本特色有机地结合起来，坚持导向原理，充实学生的精神文化生活，引导学生追求真、善、美的教育。廉江市第一中学研发了一批富有特色的德育校本教材，如编写了《读〈论语〉学做人——让青少年受益一生的儒学智慧》《让心灵永远阳光——心理健康教育读本》

《廉江市第一中学文明礼仪手册》等。在进行德育引领教育的改革中，廉江市第一中学采取多种措施，形成了自己的特色。如加强文学社、书法兴趣小组、摄影兴趣小组、科技制作小组等的建设，坚持开办各类知识讲座，开放图书馆、科技室，举办摄影展、书法展、美术展等活动，以充实学生的精神文化生活，引导他们追求真、善、美。

（二）用德育渗透教育

张旭强调把德育理念与儒家经典、文明礼仪以及社会主义核心价值观有机地结合起来，坚持渗透原则，丰富学生的精神文化生活，引导学生树立正确的人生观、世界观和价值观。廉江市第一中学在践行“崇德尚礼”的德育理念时，强调渗透社会主义核心价值观的教育，目的在于丰富学生的精神世界，引导他们树立正确的人生观、世界观和价值观。

（三）用德育提升教育

德育对廉江市第一中学全面提高教学质量起到了重要作用。道德教育是教育的灵魂，是一棵大树的树根。张旭一直认为教育是培养人全面发展的活动，所以十分重视人的道德水平的提高和道德品质的完善。廉江市第一中学德育实践中形成的德育模式和总结的德育经验得到了广泛的认可，吸引着社会各界到学校学习，这大大提升了学校的社会声誉。

二、用德育传递教育正能量

张旭说：“德育的生命力在于向人们传递正能量。”德育的根本目的是提高学生的道德素养，提升学生的生活质量，促使学生朝着更加美好的方向发展，也就是让德育成为传递正能量的教育。所谓“正能量”，是指积极的、向上的、阳光的、给人以力量的和充满希望的能量。无论遇到什么事情或问题，德育都在永不停息地传递着正能量，并给人以正面的影响，从而使事情得以解决或使人成长。

一个女孩的烦恼[①]（略有删改）

小E，女，高三，曾是一个活泼开朗、成绩优秀的学生。但经历了家庭的变故后，她的脸上再也没有出现过笑容，取而代之的是自卑、自责，她还常常独自潸然泪下。两年前，她的母亲由于忍受不了父亲赌博，带着弟弟妹妹离开了这个城市。小E还没从悲伤中走出来，就受到了村里人的嘲笑。她经常听到村里人对母亲的辱骂，这让她十分痛苦。她很想念母亲和弟弟妹妹。她常想，如果当时她能做出努力，就可能挽救父母的婚姻，但是她没有，这让她很自责。她很想去找母亲，但是她目前还不具备这样的能力。想念、自卑、自责，加上高三学习的压力，让小E透不过气来，成绩一落千丈。

张旭在了解小E的情况后，很想为小E做点什么。他试着找小E谈话，努力让小E从阴影中走出来，建立起积极乐观的心态。

（一）了解事情，分析原因

张旭（慢慢地）：小E，对于你的遭遇我深感同情。你在我眼里永远是一个坚强的女孩。我记得你曾是一个活泼开朗、笑容满面的女孩，在我心里，你的笑容是最美丽的，能笑一下吗？

（小E刚开始时有点沮丧，一直低着头。在张旭的鼓励下，她微微一笑，露出了洁白的牙齿。）

张旭：你笑起来真好看！生活中就是这样，无论遇到什么事情，多一个微笑会令你有意想不到的收获。你愿意和我一起分析你父母离异的原因吗？

小E（小声地）：我愿意。

张旭：我为你能勇敢地面对这件事情感到高兴。现在，你有什么需要我帮助吗？（小E的眼泪涌了出来）我们先来分析一下你父母离异的原因。我们可以这样看，如果他们的感情真的破碎了，或者任何一方的某些问题让对方无法忍受了，那么，继续维持不和谐的婚姻可能会让家庭的每个成员都受到伤害。你能理解吗？

---

① 选自《让心灵永远阳光——心理健康教育读本》（学校内部资料）。

（小 E 流着泪猛地点了几次头，并开始哭起来。）

张旭：事情已经发生了，我们很难改变，但是我们可以选择用怎样的心态面对它。你只有敢于正视它，并积极地面对它，才不会让这件事影响到你的未来。

（二）正确归因，消除自责情绪

张旭：如果你觉得哭出来舒服一些就放心地哭吧。（等小 E 情绪稳定下来后）我为你懂得分担而感到骄傲。不过，你无须过度自责，因为父母的感情是他们两个人的事情，他人是无法左右的。所以，你完全没有必要自责。你清楚吗？

小 E（小声地）：我明白。

张旭：我知道你一直都深爱着自己的母亲，受不了别人对她的辱骂。不过，村里人对你母亲的辱骂，你大可不听。因为嘴长在别人的身上，你是无法改变的。你可以走自己的路，让别人说去吧！

小 E：是的，我要走自己的路，让别人说去吧！（眼里有了几分坚定）

（三）转移注意，决心努力学习

张旭：我为你的坚定而感到欣慰。你知道你现在最重要的任务是什么吗？

小 E：高三了，我要好好复习，考上一所理想的大学！

张旭：很好！我为你能清楚自己的学习目标而感到高兴。对，在这个转折点上，你要更加努力、刻苦地学习。只有这样，你才能更好地做好自己，你才能心中无憾。

小 E：（受到这一番话的鼓舞，清醒地认识到自己过了一些糊涂的日子）嗯，我要努力学习。

张旭：我记得你的演讲能力很强。校长有个请求，你能就你进入高三的经历，在下周一升旗仪式后，作为学生代表做《弟子规》学习心得体会的专题演讲以勉励更多的同学吗？

小 E（不太自信地）：这样……

张旭：你要自信，相信自己能行！相信我，勇敢地踏出第一步，你会有更多的收获！我期待能听到你的演讲！

小 E：好的。我回去好好准备一下。

（四）豁然开朗，明确方向

张旭：我为你能明确自己的问题并及时做出调整而感到欣慰。我知道你一直很想念你的母亲及弟弟妹妹，这是人之常情，毕竟人是有血有肉、有感情、有思想的动物。不过，你要学会把对母亲的想念和去寻找母亲的愿望转化为学习的动力。

（小 E 信服地点点头。）

张旭：一个人的自我价值，是要通过自己的努力才能实现的，这与父母并没有太大的关系。你也不要再去假设当时如果自己能在父母间做点什么，就可能挽救父母的婚姻了。想多了，反而会增加自己的烦恼。

小 E（如释重负地）：我会努力控制自己不去胡思乱想，只专注学习。

张旭：记住，无论遇到什么事情，我都与你站在一起。你有什么需要可以直接来办公室找我。谢谢你对我的信任！

（一）充分借助儒家经典的力量

德育活动的开展应以优秀传统文化为抓手，借助儒家经典的魅力彰显德育的活力。在催人积极向上方面，诵读《论语》可以让人站在更高的层面上思考问题，不必因受到一些小挫折而消极悲观。在助人成长方面，汲取优秀传统文化的智慧，可以让人变得“淡泊明志，宁静致远”。德育的生命力也在阅读儒家经典的过程中得到彰显。

（二）真心关注问题学生的内心

在教师的眼里，不存在“差等生”的概念，只是有些学生会因为在某些方面认识不足而成为问题学生。很多问题学生因家庭环境的影响而不能专注于学习，教师应该关注他们的内心世界，并耐心地帮助他们疏导情绪，把不良干扰降至最低。可以这样说，转化一个问题学生的功劳不亚于培养一个优秀学生。

（三）发挥学生自我管理的作用

德育的生命力的发展壮大，取决于学生的自我管理能力。德育的生命力就像熊熊燃烧的火炬，不断向人们传递正能量。这种正能量无时无刻不影响着我们朝好的方向努力。充分借助道德的力量，加强学生的自我管理能力，让学生变得更阳光，生活将变得更加美好。

三、用德育推动教育发展

德育凸显了教育的育人功能，增添了教育的生命活力，能使学生沐浴在爱的阳光下。孔子说："工欲善其事，必先利其器。"教育活动要想获得良好的效果，就必须先磨砺德育这把利器，用德育推动教育发展。

绽放在逆境中的一朵奇葩①（略有删改）

谭小小（化名），1996年出生于一个农村家庭。她刚出生三个月，父亲因吸毒被捕入狱，母亲离家出走。从此，谭小小与爷爷奶奶三人相依为命。穷人的孩子早当家，年少懂事的她，除了要勤奋学习，还要干活，给这个几近崩溃的家庭撑起一片蓝天。

（一）自立自强：伙食改善了

在谭小小小学毕业那年的暑假，她想去一家水产加工厂打工，但由于年龄小而被邻镇的一个水产加工厂老板拒绝了。进厂打工的计划失败后，她就跟村里的人学"赶海"。她每天背着小竹笼，拿着小铁锹，在海边等退潮，在礁石、沙土中寻找海螺。她比其他人更早到海滩，但由于力气小又缺乏经验，她的双手经常被锋利的礁石划破，被富含化合物的海水浸泡得十分红肿，痒而难受。不过，她总不忘时时提醒自己，无论如何也要坚持，直到赚够下学年的生活费为止。一个多月后，她将自己赚的七百元钱交到奶奶的手中时，顿时觉得自己长大了。之后，每逢寒暑假，她都跟村里人到珠海、广州、东莞等地方打工，在酒店洗碗、端菜，在工厂组装、拉线，无论工作有

① 选自《让心灵永远阳光——心理健康教育读本》（学校内部资料）。

多苦多累，她都一笑而过。因为她心里只有一个目标，那就是为爷爷奶奶改善一下伙食，以及为自己赚生活费。就这样，从小学毕业起，谭小小就再也没有向爷爷奶奶要过一分钱，还常常给爷爷奶奶生活费。

（二）不舍不弃：爷爷活下来了

在谭小小读初二时，父亲再次被抓去强制戒毒，爷爷得了重病。她用自己瘦弱的肩膀把爷爷背上了救护车，光着脚在病床前守了整整一个星期。医生说爷爷病得很重，他们也束手无策了。当所有的家人都准备放弃时，身心疲惫、几乎虚脱的谭小小却哭着请求医生再让爷爷留院治疗几天。奇迹发生了，爷爷在谭小小的细心照料下竟苏醒过来并逐渐康复。在这之后，爷爷逢人就说，他这条命是谭小小救回来的。在热心人士的帮助下，谭小小曾经有回到母亲身边的机会。然而，她不忍离开抚养自己成长的爷爷奶奶，也不想去打搅母亲的生活。生活的艰辛更坚定了谭小小赡养爷爷奶奶的决心。

（三）自觉自律：大学梦近了

在生活上，谭小小是个勤俭节约的女孩。对于自己赚来的钱，她深知一分一毫都来之不易，于是，她很有计划地利用着。然而在学习上，她从来没有落后过。从小学起，她就比别人更用功地读书。她常常用别人玩耍、打扮、睡觉的时间来学习，每天早早起床到操场上苦读英语，每晚都要复习当天学过的功课。她初中三年的成绩总是名列前茅。虽然学习成绩优秀，但是她有过退学的念头。那是在她读初二时，爷爷生了重病，面对深爱的爷爷，她心中产生了辍学打工的念头。最后，在老师、亲戚和同学的帮助下，她才打消了这个念头。

谭小小就像绽放在逆境中的一朵骄人的奇葩。她自立自强、乐于助人和吃苦耐劳的精神，以及积极乐观的人生态度，时时刻刻都在激励着更多像她一样身处逆境的同学。

（一）树立德育的典范，进行榜样教育

“近朱者赤，近墨者黑。”常与道德高尚的人交往，久而久之会受到影响，自己的道德修养在潜移默化中也会有所提升。张旭认为，树立德育典

范，既是对道德高尚者的一种支持与鼓励，也是对其他人的一种引导。德育的内化是无形的，也能产生无功利的审美快感。因而，除了榜样，没有什么能这么温和而又深入地打动人的心扉了。

（二）贴近学生的生活，增强德育效果

生活中处处有德育契机，德育在生活中时时进行着。除了在传统文化中寻找德育资源，还可以选取学生身边典型的德育事例以增强德育的效果。像谭小小在逆境中不断成长、蜕变的事迹，相信会对很多同龄人产生极大的鼓舞。谭小小能战胜种种挫折，为什么我们不行？在学生的生活中选择德育典范，更能鼓舞人心。

（三）学习他人的事迹，产生情感共鸣

德育不是要告诉人们道德准则，也不是要训练人们执行道德规范，而是以促使人们产生良好的自然情感作为追求的目标。在学校里，每一个善的举动都能得到教师和学生的欣赏、学习与分享，师生能在互动过程中产生情感共鸣，使心灵得到洗礼。

德育侧重的不只是人的道德水平与道德素质的培养，更是人的自然情感和责任感的养成。塑造典型的德育榜样，从学生生活中选取德育资源，用学生有目共睹的先进事迹来增强德育的效果，是廉江市第一中学德育工作的一大特色。

第三节　德育：树人成事的保证

在“读书无用论”的影响下，很多学生对读书失去了信心，这令教师非常头疼。教育不是一件立竿见影的事情，而是一项长远的投资，它的回报在未来才能看到。那些急功近利、缺乏长远眼光、没有远大理想的人，是没有美好未来的。同样，这样的教育也是没有美好未来的。如何用德育

激发学生的梦想，让其相信知识能够改变命运，奋斗能成就精彩人生，从而不再相信“读书无用论”，就显得非常重要了。

一、 德育激发求知的梦想

远大的理想能激发兴趣、热情和动力。正所谓“心有多大，舞台就有多宽”，人只要有梦想，就有了努力的方向。德育是让人树立远大理想的催化剂，能激发个人的求知梦想。

小俊，你还有我们

张旭常说：“每一个到学校来的学生都是我的学生，我不容许有学生流失。”对于正读小学的孤儿温俊，他始终以悲悯之心深深地关爱着这个小男孩。

2011 年 3 月 23 日，张旭代表廉江市第一中学的师生探望小俊，给他送去了棉被、书桌、台灯、大米、花生油和慰问金等。

小俊是一个学习勤奋、性格乖巧、人见人爱的小男孩。可因为亲人相继去世，在很长的一段时间里，他的脸上没有出现过舒心的笑容。小俊的母亲几年前病逝了，父亲也在不久前病逝了。失去至亲后，不管生活怎样艰难，11 岁的小俊还是用稚嫩的双肩挑起了整个家，照顾患有脑瘫的 5 岁的妹妹。每天早上，小俊都要走几公里路去上学，中午还要赶回家煮稀饭喂妹妹。下午放学后，他同样要赶回家照顾妹妹。兄妹俩在好心的乡亲们的帮助下艰难地度日。然而不久之后，妹妹还是摆脱不了厄运，因疾病不治身亡。小俊成了孤儿，家境清贫，生活没有着落。

慰问时，张旭握着小俊的手说：“小俊，不要怕，你还有我。你六年级毕业后，我们学校（廉江市第一中学）正式录取你，还会在生活上和经济上给予你支持。现在，你要坚强，要好好生活，要好好读书。”一直都很坚强的小俊突然间泪如泉涌……

（一）用爱心点亮求知的明灯

真正的教育是爱的教育，在教育的过程中不能缺失爱。在学生接受教育的过程中，教师要用爱心点亮他们求知的明灯。只要心中有明灯，他们就不会因困难而放弃追求；只要心中有明灯，他们就不会因挫折而失去信心。

（二）用文化影响求知的梦想

通过优秀的传统文化来影响人求知的梦想，是再好不过的德育方式了。“格物、致知、修身、齐家、治国、平天下”，这可以成为催人奋进的力量，也可以作为德育的资源。以优秀的传统文化来“涵养”道德，将提升一个人的精神境界，使之对未来充满信心。

（三）用德育坚定求知的梦想

德育的目的在于促进人的思想品德的提升和道德修养的形成，一个人要想成才就要先学会做人，即“先成人，后成才”。另外，还应用德育的方式使学生坚定求知的梦想，用赞美、鼓励和关爱感染学生，使之立下大志，为了实现自己的梦想而努力奋斗。

二、德育成就人生的未来

澳大利亚科学家彼得·伊利亚德说：“今天你如果不生活在未来，那么，明天你将生活在过去。”无论是做人还是做事，我们都要有放眼世界的视野和展望未来的决心。张旭明白这个道理，他以“培养有中华灵魂和世界眼光的当代人才”为办学宗旨，着眼未来，放眼世界。张旭很认可著名教育学家熊丙奇对于“哈佛校友为何有48%的捐款率”的看法。他认为，那种不注重人才培养质量，不关心校友成才而只希望成功校友来展示学校成就并掏钱的功利活动，难以让校友产生认同感。

2009年12月18日，廉江市第一中学清华园助学基金会成立，其宗旨在于帮助经济贫困的学生和奖励学业优秀的学生，使他们更好地完成学业。基金会对学生的资助不是“给”，而是“借”。张旭说，如果单纯是“借”，学生的心理压力会非常大，所以基金会在提供帮助时会强调两点：将来，你愿意还就还，不愿意还就不用还；你有能力还就还，没有能力还就不用还。这样做是为了培养学生的感恩之心。一方面，学生会记得自己曾经是这个学校的；另一方面，学生会感觉到学校是在真诚地支持他们。学校的出发点是，只要学生有能力，学校就贴钱给其读书。相信学生一定会带着一颗感恩的心走出校园，走上社会，将来会加倍回报母校、回报社会。

（一）德育应着眼于未来

学生在学校接受教育，其心理、阅历等都还处于最初的发展阶段。如果把教育看成功利性的东西，目光短浅，只顾眼前利益，而不是着眼于未来，那么这样的教育就是可悲的。张旭把教育的眼光投向未来，注重学生的发展。他认为，如果学生因贫困而无法完成学业，将是非常不幸的事情。他非常爱护每一位来学校读书的学生，并千方百计为他们排忧解难。

（二）注重德育的过程

德育是影响人的一生的教育，是一个漫长的教育过程。我们应注重德育的过程，在德育过程中要注重对学生心灵的正面影响，通过榜样教育、行为强化、熏陶感染等方式，让学生在成长的过程中完善自我。

三、 德育改变命运的方向

在“知识改变命运”的时代，德育在弥补知识性教育的缺陷的过程中同样发挥着巨大的作用——改变命运的方向。北宋时期的司马光曾做过精辟的论断：“才者，德之资也；德者，才之帅也。”“自古昔以来，国之乱臣，家之败子，才有余而德不足也。”按现在人们的理解就是“有德有才是正品，有德无才是次品，无德无才是废品，有才无德是危险品”。也就是说，一个人光有知识和才能而无道德修养是危险的。我们应重视知识和能力的培养，更要重视良好德行的养成。

多一分理解，多一分关爱①（略有删改）

小T，男，高二。他从小就享受着双亲的厚爱，自由快乐地成长着，而且成绩优秀。然而，有一天，他无意中听到别人说自己是一个被收养的孩子，养父母收养自己是为了传宗接代。内心敏感而脆弱的他，听到这些话之后非常气愤。从此，他变得自卑，认为自己低人一等。他常常感叹身世的不幸与命运的不公，常对别人说："我的养父母之所以收养我，就是为了传宗接代。我恨他们。"由于消极情绪不断累积，小T不仅对养父母越来越怨恨，还对周围人产生了仇视的情绪，性格越来越偏激。

张旭在了解小T的情况后，非常关心他的发展，他决定疏导小T的不良情绪，引导他重新认识自己与养父母的关系、理解父母的关爱并学会感恩。

（一）正确地评价自己，接纳自我

张旭：小T，你知道在这个世界上只有哪两件事对所有的人是公平的吗？

小T：（抬起低下的头，疑惑地望着张旭，摇了摇头）不知道。

张旭：其实，这个世界上只有两件事对所有的人来说是公平的。一是每个人每天只有24小时，二是每个人都必须面对死亡。这样的话，在死亡之前实现自我价值就显得尤为重要了。我们的出生是我们不能选择的，但我们的未来掌握在自己手中。就算你是被收养的，你与其他人也没有什么不同。只要你能够正确地评价自己、接纳自我，一样可以有一个完整而充满温暖的家。所以，你和其他同学是平等的，并不是低人一等的。

小T：哦，我一直都认为自己是被收养的，既感到气愤，又觉得没有面子，所以在同学面前都不敢抬起头来。

张旭：你完全没必要这样。你要相信自己是幸运的、幸福的，因为你拥有一个完整而充满温暖的家。你要自信起来。

小T：我相信我能行。

---

① 选自《让心灵永远阳光——心理健康教育读本》（学校内部资料）。

（二）真心地理解父母，化恨为爱

张旭：我知道，你因为听到别人说你的养父母收养你是为了传宗接代之类的话而感到非常气愤，甚至怨恨养父母。可能很多养父母收养孩子时都有“传宗接代”的动机，但是这并不代表他们就只有这种动机。其实，我们不能把养父母“传宗接代”的动机夸大化，也不能忽略养父母对自己的爱与关心。你一直在怨恨养父母，说明你没有试着去了解他们的真实想法。《弟子规》中说：“亲爱我，孝何难，亲憎我，孝方贤。”你可以与养父母坐在一起看看电视、聊聊天，也可以帮他们洗洗脚或捶捶背，给自己一个倾听他们内心想法的机会，好吗？

小T：好，我放学回家后就和他们聊天，希望尽快化解我们之间的冲突。

（三）积极地换位思考，学会感恩

张旭：养父母真心地爱你、关心你，而你却怨恨他们。你知道这样会伤了他们的心吗？

小T：对不起，我不知道这样做会令他们很伤心。（眼泪噼里啪啦地掉下来）

张旭：（递给小T一张纸巾）在生活中，我们应学会换位思考。你可以这样想：如果不是被养父母收养了，你就有可能流落街头或遭遇其他痛苦的经历。所以，你应该心存感激，是养父母给了你一个温暖而完整的家。

小T：（眼泪再一次流出来，点点头）我要学会感恩，感谢养父母给了我一个温暖的家。

（四）主动地与人交往，分享快乐

张旭：你由于自卑与自我封闭，对身边的亲人和同学产生了一种不信任感，这会令你产生无尽的烦恼。你知道吗？良好的人际关系能带给我们愉快的体验，有助于我们的身心健康发展。所以，从现在开始，你要坦诚对待、信任与接纳身边的人，主动与他们交往，把你的快乐、烦恼与他们一起分享，以建立良好的人际关系。我相信你会拥有好人缘的！

小T：谢谢校长！通过这一次谈话，我明白了很多道理。从今以后，我会好好地爱我的父母。

（一）加强心理辅导，消除德育障碍

心理健康教育是廉江市第一中学德育的一大特色。德育不仅仅是道德层面的问题，也是心理层面的问题。大力普及心理健康知识，培养学生乐观向上的心理品质，针对学生的心理问题进行个别辅导，是消除德育障碍的有效途径。

（二）开展实践活动，丰富德育内容

比较好的德育方式是让学生在实践活动中成长或在实践活动中接受启发。丰富的知识不仅要从书本上获取，更要从实践中学习。组织各种校园活动，开展社会实践，是丰富德育内容的重要方式。

（三）加强文化建设，构建德育氛围

建设丰富多彩的校园文化是促使学生积极向上、健康发展的有效方式。浓厚的德育氛围可以陶冶人的情操、净化人的心灵。“每天说三句赞美的话，每天鼓励一个人”体现了廉江市第一中学德育的细节，也是学校营造德育氛围的有效措施。

第四章　德育理念　驱动人生

教育是一门独特的艺术。廉江市第一中学始终坚持“育人为本，德育为先”，大力加强和改进德育工作，并与打造学校品牌和促进学生成长有机结合起来。为了办好廉江市第一中学，张旭独辟蹊径，提出以生为主的天道、以孝为主的孝道和以师为主的师道这“三道”德育观，树立了“孝亲、尊师、赞美、鼓励”的良好校风，形成了教师乐于教书育人、学生“亲其师，信其道”的教学氛围。科学育人的办学理念、以人为本的办学思想和个性鲜明的办学特色，为廉江市第一中学的学生走向“崇德尚礼”的美好人生奠定了坚实的基础。

第一节　独辟蹊径：打造全国首个论语广场

为了建设好廉江市第一中学，达成廉江市委、市政府提出的高起点、高标准、高规格的要求，张旭决定着力打造全国首个论语广场。张旭说，建设论语广场是为了“弘扬传统文化，传承国学经典”，给全校师生提供良好的学习环境，营造浓厚的德育氛围，使学生明白“诵经尊孔学做人，知书达礼成大业”的道理。建设论语广场，不仅有助于弘扬和传播孔子的思想，而且吸引了很多前来考察和学习传统文化的人。

一、壁立千仞——论语广场的诞生与构造

（一）论语广场的诞生

廉江市第一中学创建于2008年12月，是廉江市委、市政府高起点规划、高标准建设的直属完全中学。曾当过语文教师的张旭意识到，如果没有富有特色的校园文化，就不可能创办一所富有特色的学校。一直深受儒家思想影响的张旭，想到了中国古代思想家、教育家孔子。儒家思想博大精深，影响深远。张旭大胆地决定，以儒家传统文化为依托，精心打造论语广场，让论语广场成为进行思想教育、传承文明的平台。

2009年11月，论语广场动工建设。2010年1月，廉江市中小学德育教育基地、广东省乃至全国首个论语广场竣工，并全面开放。张旭说："论语广场的开放，对我们感悟先圣孔子的思想精髓、弘扬中华民族文化意义重大。"廉江市第一中学将中国传统文化与现代教育相结合，让学生受到熏陶，从而达到净化学生心灵的目的。

（二）论语广场的构造

人们一走进廉江市第一中学，首先映入眼帘的便是气势恢宏、洋溢着浓浓古典文化神韵的论语广场。论语广场投资逾500万元，占地8800多平方米。广场正中央有一座4.2米高的孔子行教雕像，供全校师生代代敬仰；两侧有十根柱子，前面的两根为龙腾柱，柱子上的双龙腾空而起，象征着廉江市第一中学的腾飞；后面的八根柱子上分别雕刻有孔子的名言名句，集中体现了孔子倡导的"温、良、恭、俭、让"的核心思想和"仁、义、礼、智、信"的为人处世原则，以及"忠、孝、诚、廉、德、和"的高尚品质。广场的右边设置了一条文化长廊，展示着与《论语》《二十四孝》《弟子规》等相关的图画文萃。广场的四周鸟语花香，绿树成荫，石阶错落有致。人们置身于论语广场，观赏石柱上的飞龙图腾，体味儒家思想精髓，仿佛穿越时空与圣人面对面地谈话，可以

静心聆听圣人的谆谆教诲。古人有"半部《论语》治天下"的说法，这足以证明《论语》蕴含的思想博大精深。《论语》《二十四孝》《弟子规》，这些经典读物中含有儒家思想文化的精髓，能教导学生如何学会做人、学会做事、学会成长。

论语广场是廉江市德育教育的重要基地，对打造廉江市第一中学德育品牌，弘扬和传播孔子的伟大思想，培养德才兼备的人才，发挥了重要的作用。

二、 立身处世——论语广场的风雅韵事

廉江市第一中学以论语广场为平台，以优秀的传统文化为抓手，以"诵经尊孔学做人，知书达礼成大业"为主题，广泛开展传统文化教育活动，着力培养学生良好的道德品质和行为习惯。在传统文化的熏陶下，感悟孔子思想的精髓，学习先贤的为人处世方式，提升自身的思想品德修养，这使得廉江市第一中学师生的面貌焕然一新。

（一）每日在广场上读书

孔子说："三人行，必有我师焉，择其善者而从之，其不善者而改之。"孔子强调要虚心学习他人优秀的东西。歌德说："读一本好书，就像和许多高尚的人谈话。"冰心也说："读书好，读好书，好读书。"读书不仅能使人增长知识，而且能陶冶情操。论语广场气势恢宏，环境优美，传统文化韵味浓厚，是一个可供师生读书交流的好地方。张旭经常鼓励大家课余时间到这里读一读、坐一坐、走一走、看一看、想一想，认真阅读石柱上孔子的名言名句，慢慢体味《论语》中蕴含的道理。

识孔子·品论语·感做人[①]（略有删改）

全国首创的庄严、雄伟的论语广场，就这样坐落于我们美丽的校

---

① 张旭．读《论语》学做人——让青少年受益一生的儒学智慧［M］．南京：江苏凤凰教育出版社，2014.

园——廉江市第一中学。

又是一个朗朗晴空，团团白云沐阳光而流转，绿叶片片含春风而摆动。携着沉甸甸的心情，踏足于论语广场，刹那间心动于孔老那智慧的双眸，仿佛重现着当时他立志改变天下那刻——双眸流动的波光，熠熠生辉。

这广场的正中央，孔老双手相接平放于腹前，左配一剑，面容平静淡定，挺直站立，一派儒雅气质势不可挡。我连忙以同样的姿势，恭恭敬敬地鞠了三大躬，朝拜孔老。

与这形象相比，当时受讽于长沮桀溺的他，堂堂一大学者，大可以坐在曲阜过他的学者生活。但他毕生东奔西走，席不暇暖，那副奔波劳碌、恓恓惶惶的样子，颇受当时隐者的嗤笑，这再次使我肃然起敬。

游着游着，我突然犯愁了。回想起玲刚刚那一抹并不友善的眼神，宛如要刺伤我柔软的心灵。我坐下，在长凳上托腮凝视湛蓝的天空。天空仍是湛蓝湛蓝的，细看，它仍包含着许多色彩斑斓的物质。

突然，校园广播响起了，一曲《我们是未来的希望》过后，接着"君子坦荡荡，小人长戚戚……"一句又一句关于《论语》的句子。一声"君子"，一腔"荡坦"，足以道尽宽容的人满腹无尽的"海阔天空"。人是"长戚"，还是"坦荡"一辈子？这是显而易见的。

"无欲速，无见小利。欲速则不达，见小得则大事不成……"又一句荡气回肠的为人处世之道飘飞于广场上空。

有时候，学到心烦，但又不想推到明天，就会胡乱地加速完成，只是囫囵吞枣，收不到成效。快，只是要速度。但！快≠效率。

走下便道，来到硬石台阶，感觉是跨时空的穿越。左右两旁矗立着圆浮石雕柱，我拥抱其一，用心深深再感悟。虽然《论语》不是篇篇华美，章章锦绣，字字珠玑，但句句隽永，如沐春风，如饮甘霖，受益匪浅。学校以《论语》为校本课程，我们应不断汲取其中有益的精华，不仅学会做人，而且学会如何高效地学习。

走下广场最后一级台阶，看着孔子的面容渐远渐模糊。这时，《论语》

又继续响起；像一支清远的笛，又像一棵没有年轮的树，永不褪色。

“半部《论语》治天下……”

1. 注重经典，在文化中挖掘美

一部经典著作就像航船上的指南针，指引着人们朝着正确的方向航行。论语广场以优秀的传统文化为依托，在石柱上镌刻与儒家“温、良、恭、俭、让、仁、义、礼、智、信”等相关的名言，把人们应该继承与弘扬的传统美德充分地挖掘出来，使人深受教育。

2. 营造氛围，在环境中感受美

论语广场不仅具有浓厚的传统文化韵味，而且绿树成荫、风景怡人，成为廉江市第一中学校园里最美丽的一道风景线。来这里的人无不被它独有的美所吸引、震撼。置身广场中，静静地感受那种庄重氛围，轻轻地呼吸那种古韵气息，不由得让人肃然起敬。

3. 创设情境，在活动中创造美

为了鼓励更多的师生学习《论语》，学校以“诵经尊孔学做人，知书达礼成大业”为主题，广泛开展传统文化教育活动，如朗诵比赛、书画比赛、读《论语》写心得活动等。广场上经常书声琅琅，让人神往。张旭常常在工作之余到广场走走，有时给学生讲述孔子的人生经历，有时给学生解说《论语》，有时与学生探讨《论语》中蕴含的智慧。

（二）每周在圣人前演讲

在每周一的升旗仪式后，张旭都组织全校师生开展德育专题演讲活动并齐诵《弟子规》，以培养师生形成积极向上、团结友善、爱家爱国、奉献社会的价值观。让学生代表做《弟子规》学习心得体会专题演讲，能促进学生对经典著作的感悟，加深学生对传统文化的理解。学校还为初一和高一学生每周开设一节《读〈论语〉学做人——让青少年受益一生的儒学智慧》校本课程，由班主任授课，引导学生学会学习、学会做事、学会做人。

学《弟子规》做文明人①（略有删改）

尊敬的老师，亲爱的同学们：

大家好！

我演讲的题目是《学〈弟子规〉做文明人》。

《弟子规》的总叙中说："弟子规，圣人训。首孝悌，次谨信。泛爱众，而亲仁。有余力，则学文。"短短24个字，竟概括了整本书的核心思想，这令我感到非常惊奇。

过去，在学校里整蛊老师、戏弄同学，一直是我的一大乐趣。有时，我会和同学发生口角或动手打他们，有的同学还曾被我打得头破血流，那时我就在心里偷着乐。每天我都会违反班规、校规，有一次还差点把班主任都气哭了。不过，我感谢张校长给了我一本《弟子规》。他叫我依他的意思去做：每天先去诵读《弟子规》，再去关心、问候老师和同学，最后写一篇心得体会。那时候的我，感到很疑惑。这本"小儿科"的书，读了有什么用呢？我读了十几年的书，读到的东西还比这本书中的少吗？张校长也许是看出了我的迟疑，就大声地说："这本'小儿科'的书，难道你一个中学生都读不来、做不到吗？"听了这话，我急了，拿着书就走了。我一边走一边想：这本书里面到底有什么呢？我很好奇。于是，我就找了一个没有人的地方，慢慢地读起来。

"首孝悌，次谨信"，是说人首先要孝顺父母、尊重兄长，其次要谨言慎行、诚信做人。啊，这是一个多么基本的做人要求！然而，我读了那么多年的书，浪费了那么多易逝的光阴，还不知道这一点。我为自己在学校里的违纪行为感到深深的惭愧，为什么我没有早一点儿读到这本书呢？

"泛爱众，而亲仁"，是说人要爱周围的人，亲近品德高尚的人。我回想那些被我漠视了的亲人，那些被我气坏了的老师，那些曾经被我打了的同学，心里顿时感到一阵阵隐痛。从今以后，我要好好地爱身边的每一个人。我学习了《弟子规》后，在同学的推荐下，班主任任命我为班上的纪律委员，让我管理班级的纪律。我非常感动，想不到干了那么多坏事、伤

① 选自《廉江市第一中学国旗下的讲话选编》（学校内部资料），作者为李明。

透了那么多人的心的我，还能得到老师的信任、同学的尊重。于是，我积极地参与班级管理工作，为班级建设出力。由于负责任和敢说敢干的优点，我慢慢地受到了同学的欢迎、老师的喜爱。这令我感到非常惊喜，想不到校长给我的《弟子规》真的那么神奇。

"有余力，则学文"，是说人如果还有富余的精力，就要多读书、多做学问。我想，一个年轻人，那么富有精力，现在总得学点什么吧。从此，我上课就特别认真地听讲，一有不懂的问题就提出来。由于以前已经落下了很多功课，我就告诉自己："一定要把落下的功课补回来。"于是，我就在课余时间谦虚地找老师、同学帮我补课。每个老师和同学都很乐意帮我，我被他们的热情感染了，功课很快就跟上来了。更令我惊讶的是，我发现自己竟然非常喜欢看那些企业家的故事。我一有空就拿着企业家的传记看，如李嘉诚、霍英东、比尔·盖茨等人的传记。我越看越有精神，仿佛看到了自己的未来。

亲爱的同学们，让我们一起诵读《弟子规》吧！"弟子规，圣人训。首孝悌，次谨信。泛爱众，而亲仁。有余力，则学文。"这是我们净化心灵、陶冶情操、坚定意志、树人成事的利器。我深信，有了它，我们会严格要求自己，约束自己，做文明人，行文明事。我更加深信，有了它，我们会飞得更高，走得更远！

我的演讲完毕！谢谢大家！

1. 加强集体学习

《弟子规》全文只有千余字，易懂易诵，涵盖了人应该遵守的礼仪规范和言行准则，其核心思想为孝、悌、仁、爱、信。张旭加强《弟子规》集体学习的具体做法包括这几点：一是由政教处、团委会组织每周一次的国旗下的诵读和演讲活动；二是由班主任每周安排一节课以上的时间，利用教学平台播放《感恩》《母亲》《跪羊图》《天下父母》等相关视频；三是由初一、高一年级的语文教师每周三下午组织学生学习《弟子规》《论语》等。除此之外，学校的语文科组、美术科组、音乐科组还定期开展演讲、征文、书画、歌咏等比赛活动。张旭要求学习《弟子规》的形式力求生动活泼，尽可能让学生学有所得、学有所悟。

2. 深化行为养成教育

张旭认为，孩子的心灵就像一块神奇的土壤，播下思想的种子就会收获行为，播下行为的种子就会收获习惯，播下习惯的种子就会收获性格，播下性格的种子就会收获命运。好的行为习惯是人生中享受不尽的财富，相反，坏的行为习惯则是人生中偿还不尽的债务。《弟子规》虽是古代蒙学读本，但对今天的人们来说仍有很大的现实意义。比如，如何使家庭和睦，如何做一名合格的家长，如何平衡自我等，都可以在《弟子规》里找到答案。学生学习《弟子规》应侧重良好行为习惯的养成，如找出《弟子规》中可演练的内容，进行情境演练，在情境中感受和体悟《弟子规》的思想；找出可进行正反辩论的主题，在辩论中深入学习，提高思辨能力。

3. 重视榜样示范教育

在社会这个大家庭中，同一个人扮演着不同的角色，如为人子女、为人父母、为人朋友、为人领导等。我们要把不同身份的人应存的心、应说的话、应做的事通过言传身教进行传播，努力做到“做君子之人，树德育之榜样”。比如，践行“首孝悌，次谨信”，就是要明白孝顺父母、尊重兄长，做人要谨慎和诚信的道理，并付诸行动。

（三）每年举办敬师节活动

每年的 9 月 28 日，是廉江市第一中学最具特色的敬师节。这一天，廉江市第一中学的全体师生齐聚论语广场，在庄重而肃穆的气氛中，教师代表和学生代表分别向孔子雕像敬献花篮，全体师生共同鞠躬以表达对孔子的尊敬与爱戴。学生代表身穿汉服，于悠扬的古乐声中，在孔子雕像前齐诵《论语》中的章句以表达对先贤的追思与敬重。这一刻，儒风浩荡，古韵悠扬，颂歌激越，师生们仿佛远离了世事的喧嚣与纷扰，获得了心灵的宁静与淡泊。更为振奋人心的是，一百多名学生代表每人手捧一束鲜花分别向一百多名优秀教师献花，表达学生对教师的尊敬与感激之情。在鲜花与掌声中，全校师生的心紧贴在一起，形成了教师乐教、学生乐学的局面。

2013年辑录的《廉江市第一中学德育资料选编》中有张旭的一篇名为《三拜孔子，学礼做人读书》的文章，文章中说，“三拜孔子”即一拜孔子学礼，二拜孔子学做人，三拜孔子学读书，要通过活动来展示传统文化的魅力，教化学生。

一拜孔子学礼，一鞠躬。孔子说：“不学礼，无以立。”一个人如果不学礼，就难以在世间立足。孔子教导我们在家要孝敬父母、尊重兄长，在外对师长和身边的人要敬重、友爱；做人要谨言慎行，心胸宽广；讲话要诚实可信，不虚伪。这就是我们平常所说的礼仪。礼仪是传统文化的重要组成部分，中国自古以来就被称为“礼仪之邦”。我们身为炎黄子孙，应该好好学习它，在日常生活中更加应该率先垂范，把它做到最好。

二拜孔子学做人，二鞠躬。我们到学校读书求学，首先要学会做人。《论语》强调，君子应重视自我修养，善于反思自己的言行；君子应心境安宁而不傲慢；君子还应推己及人、与人为善。我们应该怀着崇敬的心情，老老实实地向孔子学习，用他的美德净化自己、美化自己、提升自己，做一个有益于国家、人民的人，做一个堂堂正正的中国人。

三拜孔子学读书，三鞠躬。孔子说：“温故而知新，可以为师矣。”“学而不思则罔，思而不学则殆。”这里说的是学习方法。“学而时习之，不亦说乎？有朋自远方来，不亦乐乎？人不知而不愠，不亦君子乎？”“敏而好学，不耻下问。”“三人行，必有我师焉，择其善者而从之，其不善者而改之。”这里说的是学习态度。《论语》既告诉我们怎样学习才是最有效的，又告诉我们用什么态度去学习才能使生命有所提升，对照它进行学习，我们怎么可能“学而不会”呢？

张旭把孔子的诞辰（9月28日）定为廉江市第一中学的敬师节，每年都会如期举行相关活动，风雨不改，雷打不动。有人会说，每年的9月10日是教师节，为什么还要搞一个敬师节呢？张旭认为，9月10日学校刚开学，很多开学的工作都忙不过来，根本没有太多的时间和精力筹备教师节的相关事宜，而9月28日，距离开学有一段时间了，学校就有时间来策划大型的活动了。通过学生“三拜孔子”、学生代表向教师献花等活动，有助于营造一种尊师重教的氛围。在敬师节当天，学校还要求每位学生给教师写一封信，向教师吐露心声，表达对教师的崇敬、尊重及爱戴之情。在张旭看来，举办一次这样的活动胜过教师说教两个月。

三、春华秋实——论语广场的社会意义

论语广场就像一颗闪亮的珍珠镶嵌在廉江的大地上，每天吸引了不少前来静思、体悟的学子，迎接了不少慕名前来瞻仰、考察的朋友。张旭精心打造出来的论语广场，具有其独特的社会意义。

（一）打造了全国首个论语广场

论语广场是全国首个论语广场，是湛江市乃至广东省教育系统的一大创举。廉江市第一中学借助论语广场这一平台，以“诵经尊孔学做人，知书达礼成大业”为主题，广泛地开展传统文化教育活动，使学生养成传统美德，以德修身，以德领才，以德润才。

（二）推进了廉江市德育的发展

论语广场不仅是廉江市第一中学全体师生活动的广场，也是廉江市所有中小学生接受教育的地方。学校坚持每周在论语广场举办一次主题活动，活动的形式生动活泼，如诵读经典著作、分享诵读心得、交流思想感悟等。有些学生说，参观论语广场，对他们感悟先圣孔子的思想精髓和弘扬中华民族的文化，意义非常重大。论语广场是对外开放的，不少慕名前来参观论语广场的人都说，论语广场不愧是个求知立德的好地方！

第二节　三位一体：践行“三道”思想

“三道”思想是张旭德育思想中的一个重要观点。在张旭看来，学校有三个团体：学生、家长和教师。所谓“三道”，就是对应这三个团体而产生的。一是天道，即以生为天，亦叫生道。学校要时时刻刻以学生的发

展为主，为学生着想，为学生排忧解难。教师的职责不仅仅是传授知识，还有帮助学生、关爱学生。二是孝道，“百善孝为先”，懂得孝顺的学生，也会懂得感恩他人，能自强不息。三是师道，能被学生所尊重、爱戴，教师也会为自己的付出感到欣慰。学生尊重教师，教师也会尊重学生，从而形成一种和谐融洽的师生关系。“三道”思想是融天道、孝道、师道为一体的德育思想，它不是空泛的，而是爱的付出、感情的投入、幸福的体验。

一、 以生为本的天道思想

张旭认为，国以民为本，校以生为天，一所学校的发展，需要学生来推动。对于一所学校来说，学生是非常重要的，没有学生，学校建设得再好也没有用。从一定程度上说，学生强，则学校强。学校应把学生提高到天道的地位，时时刻刻为学生着想，为学生排忧解难。学生一旦有困难，学校就会以最真诚的方式，及时予以援助。教师要懂得自己的职责不仅是简单地进行说教，还要关爱学生，为学生的成长付出努力，付出感情，这样才能让学生对学校产生信任、热爱与留恋的感情。

我的一个“天才”学生①（略有删改）

今天，一个“天才”的学生，让我不得不去关注他的成长。他就是高二（9）班的××。因他无心上学，他的班主任曾多次对我说起了他；因他经常偷窃，派出所的人员多次来学校找过他；因家庭教育无效，他的父母多次来学校找我诉说愁苦。如此独一无二的学生，在我几十年的教学生涯中也没遇到几个！无论哪位老师遇到这样的学生，肯定都觉得头疼。然而，我坚信“没有教不好的学生，只有不会教的老师”，于是针对他的情况，寻找最合适的教育方法。

首先，我用讲故事的方式，化解他的心理障碍。针对他偷窃的坏习惯，我给他讲了一些名人犯错后及时改正，最终获得成功的故事。我告诉

---

① 选自《廉江市第一中学德育资料选编》（学校内部资料），作者为张旭。

他："人非圣贤，孰能无过？知错能改，就是一个好孩子。因为这需要很大的勇气和痛改前非的决心。"他发誓，以后不再偷东西了。这令我感到很惊讶，没想到这个孩子认识错误的能力这么强。

其次，我带他去家访贫困生，培养他的同情、友爱之心。一个周六的上午，我带他去贫困生小清的家里进行家访，让他体验真正的贫困生活，让他明白在这个世界上值得同情和需要帮助的人还有很多。他悄悄地告诉我，他从来不知道有人虽然家徒四壁、吃了上顿没下顿，但仍不忘读书，这些人真的很需要人们伸出援助之手。在临走时，我跟他商量，我要安排他帮助一名贫困生，他立刻就答应帮助小清了。

再次，我关注他的学习情况，抓住他的点滴进步鼓励他，使他增强学习的自信心。他的学习基础不差，一旦静下心来认真学习，他的成绩就会迅速提高。他在月考时比上一次前进了20名。我抓住这个机会，不断地表扬他、鼓励他。体验到成功后，慢慢地，他学习的自信心增强了。

最后，我让一位成绩优秀的学生与他交朋友，帮助他。我深知，一个人具有良好的做人品质将会受益一生。我让品行良好的学生帮扶他，就是为了让他有一个健康的交友环境。在一次交流中，他对我说："君子之交淡如水。与品行好的人交朋友让我有做君子的感觉。"俗话说"近朱者赤，近墨者黑"，这是很有道理的。

××是一个令我骄傲的学生。最后他以优异的成绩考上了广州大学，毕业后，他又顺利地考上了公务员。

（一）时时刻刻关心学生，注重自主体验教育

张旭说，人都有渴望被爱、被关注的心理，一个人的改变可能会从另一个人的关心与爱护开始。教师不仅要了解学生的学习需要，还要洞悉学生的内心世界。张旭知道××有偷窃的不良习惯，就通过讲故事的方式来引导他，让他意识到自己的错误，自觉改正错误，并学会正确地评价自己。

（二）时时刻刻尊重学生，培养良好道德品质

学校在尊重每位学生的人格的同时，更应注意引导学生讲文明、会关爱、会负责、爱学习。张旭带××去家访贫困生，除了让他体验到生活的艰难之外，还让他学会了关爱他人。××答应主动地帮助一名生活贫困的同学，正是他良好道德品质的体现。

（三）时时刻刻激励学生，调动积极情感因素

当学生取得进步时，我们应该给予赞美与鼓励。赞美可以让人们的生活更加美好，鼓励可以让人们的心情更加愉悦。张旭认为，在践行天道思想时，充分调动学生积极的情感因素是一种重要手段。他把学生的点滴进步都看在眼里，不断地给予学生赞扬和鼓励，使之不断进步。

二、 以孝为主的孝道思想

孝道，即孝亲尊师，感恩社会。张旭说："在学校非常努力地学习，为家庭、家族争光，这是一种孝顺。""父母呼，应勿缓；父母命，行勿懒。父母教，须敬听；父母责，须顺承。"父母叫你要听话，你听话了，这也是一种孝顺。"望子成龙""望女成凤"是天下父母的心愿，作为子女，实现父母的愿望，也是一种孝顺。孝，就是一种感恩。学生应学会感恩，感恩父母，感恩学校，感恩社会。张旭要求全体师生都注重孝道，做一个懂得感恩的人。

（一）借助优秀传统文化，维护孝道文化和谐稳定

孝道文化是中国特有的文化，历史悠久。孝的基本意思是侍奉和赡养父母。中华传统文化倡导的孝行，即儿女的行为不应该违背父母、家里的长辈以及先人的良好意愿，是一种稳定伦常关系的表现。"冬则温，夏则清；晨则省，昏则定"中体现的"养亲""敬亲"观念，在任何社会都需要。"养亲"能保证父母物质需要的供给，"敬亲"表现了对父母的尊敬和

爱戴，这对维护社会的和谐稳定能起到重要的作用。

（二）加强主题教育活动，确保德育过程和谐有序

张旭说，与“孝”这一主题有关的德育活动，学校力求做到授之以知，动之以情，晓之以理，导之以行，确保德育过程和谐有序；在活动中，力求做到形式多样，如将孝道文化与故事、诗歌、名言、歌曲等结合起来，营造一个浓郁的孝道文化氛围，让学生明白“百善孝为先”，懂得孝敬父母、感恩父母是善良之行。

（三）注重行为养成教育，促进学生全面和谐发展

学校以日常行为习惯的养成为德育的切入点，让学生在活动中感知和体验“孝”，教导学生从小事做起，用实际行动来孝敬父母。同时，学校还教育学生，在日常生活中主动关心和问候父母、悉心听从父母的教导、对父母恭敬礼让、主动帮助父母等都是孝的行为。

三、 以师为主的师道思想

师道，即传道授业，诲人不倦，言为世则，行为世范。韩愈在《师说》中精辟地指出教师的职责是“传道授业解惑也”。教师在教学上要诲人不倦，在言语上要符合世人的准则，在行为上要符合世人的规范。教师要有高度的责任心，也应该有相应的地位。廉江市第一中学推行师道，把教师的地位提高到重要位置，就是要求学生尊重教师的劳动，感谢教师的付出。学生尊重教师，教师会因此产生一种自豪感，这种自豪感又促使教师更加关爱学生。这种良性循环正是张旭推行师道的最终目的。

用师爱散布阳光，用真情感染心灵[①]（略有删改）

我是一名来自湖南省的教师，刚到学校时，生活、工作一时难以适应，我的情绪波动很大。有时在课堂上遇到突发事件，我没有及时采取相

① 选自《廉江市第一中学德育资料选编》（学校内部资料）。

应的处理措施，导致学生提出换老师的要求，这令我产生了挫败感。

我非常感谢张旭校长，如果不是他的宽容与大度，我恐怕早已离开了廉江市第一中学。张校长重视情感在学校管理中的作用，他常说："对师生，要尊重，要宽容，要激励。"他认为校长与师生在人格上是平等的，校长与师生之间既是领导与被领导的关系，更是同事、朋友的关系。

张校长对全校师生从不苛求与责备，常在学校领导班子中说："只有宽以待人，师生才有安全感，才能创建比较宽松的环境，才有民主的气氛，学校才有生气和活力。"张校长在了解我的情况后，通过"安居工程"为我改善了居住环境，解决了我生活上的难题；课余时间与我一起总结教学中的得与失，鼓励我充分施展才华，为学校多做贡献。在他的帮助下，我参加了"名师培养工程"，教学水平日渐提高。

罗曼·罗兰说："要散布阳光到别人心里，先得自己心里有阳光。"张校长用爱心散布给我灿烂的阳光，用真情滋润了我的心灵。于是，我也用心中的阳光去关心和爱护身边的每一名学生。现在，我已成为一名教学能手，也成了学生的良师益友。

（一）用师爱散布阳光，体现教师的人格魅力

印度文学家泰戈尔说："不是槌的打击，乃是水的载歌载舞，使鹅卵石臻于完美。"鲁迅也指出，教育就是爱。师爱无痕，教化无声。教师工作的精髓可概括成"师爱为魂，学高为师，身正为范"。教师要想教育好学生，首先要教育好自己，心里充满阳光，做学生的表率，体现教师的人格魅力；其次要理解与包容学生；最后要关爱与鼓励学生。另外，教师还要善于总结教学中的得失，用心工作，用自己"言为世则，行为世范"的人格魅力影响学生，促进学生成长。

（二）用师德成就人生，塑造正面的人师典范

有一首诗写道："有一首歌最为动人/那就是师德/有一种人生最为美丽/那就是教师/有一种风景最为隽永/那就是师魂/不要说我们一无所有/

我们拥有一颗火热的太阳/我们拥有同一片广博的天空/在同一片天空下/我们用爱撒播着希望……”师爱是一缕最为温暖的阳光，师德是一首最为动人的歌，师魂是一道最为隽永的风景。我国学者林崇德说：“师爱是师德的核心和灵魂。”师德的魅力在于师爱，师爱的表现在于师德，师爱与师德是紧密联系、不可分割的。好师德可以造就好教师，好教师可以培养好学生，好学生可以谱写好未来。可见，师德在教育中非常重要！教师之所以能成为学生的良师益友，与其崇高的师德是分不开的。

（三）用师情感染心灵，建立和谐的师生关系

教师对学生进行教育，必须让学生感受到教师的真诚，这样他们才能心悦诚服地接受教育。教师应经常站在学生的角度考虑问题，多与学生交流，了解他们的想法，用真情感染他们。教师还应该不断提高自身的教学能力和师德修养，要明确自己既是学生的良师，又是学生的益友，与学生建立和谐关系，促进教育工作顺利开展。

第三节　育人魅力：彰显办学特色

廉江市第一中学按照“强科研，创特色，树品牌”的办学思路，确立了“以德立校、以智强校，先成人、后成才”的办学理念，“培养有中华灵魂和世界眼光的当代人才”的办学宗旨和“争一流、创特色，办名校、育英才”的办学目标；以“厚德、博学、砺志、笃行”为校训，形成了“孝亲、尊师、赞美、鼓励”的校风，“传道授业、诲人不倦、言为世则、行为世范”的教风和“勤学、善思、互助、奋进”的学风。以人为本的办学思想、科学育人的办学理念以及个性鲜明的办学特色，彰显了廉江市第一中学的独特魅力。

一、以人为本的办学思想

近年来，以人为本的思想受到了前所未有的重视，并开始渗透到德育工作之中。学校的德育工作涉及学校领导、教职工、学生，以及家长等，这些人都对德育工作的实施有着重要的影响。德育工作是学校素质教育的重要组成部分，它贯穿于学校教育的全过程，对学生的健康成长和学校工作的顺利开展起着推动和保障的作用。中学阶段是一个人成长中最为重要的阶段，是学生世界观、人生观和价值观形成的重要时期，也是学生情绪不稳、易犯错误的特殊时期。青少年的这些生理和心理特点要求学校在德育工作中要做到以人为本。

（一）创新德育，提升层次

廉江市第一中学以“强科研，创特色，树品牌”作为学校的办学思路，充分挖掘《论语》《弟子规》等经典著作的德育内涵，积极探讨《论语》《弟子规》在学科教学和日常生活中的德育渗透作用，大力开发富有特色的校本教材，开展德育课题研究，用德育科研提升教师的教育教学能力和师德素养，以及学生的自我教育和自我管理能力，再用德育科研引领学校的发展，从而培养全面和谐发展的新型人才，促进学校办学层次的提升。

1. 发挥学校特色优势，加大科学研究力度

为了提高学生的思想道德素养和科学文化素质，廉江市第一中学发挥本校的特色优势——以论语广场为平台，以传统文化为抓手，引导学生形成崇德尚礼的品德。学校充分发挥论语广场的影响和作用，利用这个平台开展一系列主题活动，如“三拜孔子”活动、各种亲子活动、大型心理健康游园活动等。学校已整理出版了《读〈论语〉学做人——让青少年受益一生的儒学智慧》《让心灵永远阳光——心理健康教育读本》《廉江市第一中学文明礼仪手册》等校本课程教材。校本课程的开发能让学生在读、看、听、说、行中品悟、体味与践行，不断提高自身的道德水平，树立正

确的世界观、人生观和价值观。除了研发校本课程教材外，学校还加大了科学研究的力度，继续探寻德育课题。只有每一次活动都落到实处，每一项研究都彰显自身的魅力，德育科研之路才能更宽敞。

2. 动员全校师生参与，体验德育实践创新

学生是学校教育的主体，德育要以人为本，注重学生的个性发展。学校教育要面向每一个学生，尊重学生，平等地对待学生，给予学生信心和力量，使每一个学生的个性得到更好的发展。创新是一个民族进步的灵魂，也是科学研究的本质特征。学校大力动员全校师生参与到德育工作中去，通过让全校师生体验德育实践的创新来加快德育育人的步伐。学校大力开展科技教育，如在科技文化艺术节上设置了科技小制作比赛、机器人大赛、航模飞行表演、科普知识展览、摄影展览、现场书画比赛等项目，形式多样，内容丰富。学校在科学课上激发学生对科学的兴趣，在活动中增强学生的科学意识，在实践中提高学生的动手能力和创新精神。廉江市第一中学因注重科技教育而被指定为“广东省航空航天科普教育定点学校”。学校将德育与科技创新的实践相结合，全力创新德育科研的内容。

3. 提高学校科研实力，树立德育品牌

在说理教育法、榜样示范法、激励指导法的指导下，学校从学生的生活实践出发，开发校本课程，让学生在学习和生活中历练、体验和成长。在科研上，学校的德育科研成果不断涌现。在课题研究中，教师用自己的言行践行理论，从而提高了自身的思想品德素质、专业能力和科研能力，不断推动素质教育的深入开展。学校致力于打造“德育品牌学校”的发展战略，走德育创新与特色发展之路，把德育科研作为提升学校办学层次的重要途径，树立了廉江市第一中学的品牌。

廉江市第一中学借助论语广场这个平台，在开展传统文化教育的同时，围绕德育目标、德育内容、德育途径、德育方法和德育管理等开展德育研究，发挥自身优势，动员全体师生参与德育创新活动，不断总结，不断提升，将学校的发展推上新的台阶。

（二）中华傲骨，学子扬德

廉江市第一中学把“培养有中华灵魂和世界眼光的当代人才”作为学校的办学宗旨，在用优秀的传统文化铸就学生中华民族气概的同时，引导学生放眼世界。

1. 学习民族精神，弘扬中华气节

在5000多年的发展中，中华民族形成了以爱国为核心的团结统一、爱好和平、勤俭节约、自强不息的民族精神。十六大报告指出，民族精神是一个民族赖以生存和发展的精神支撑，一个民族没有振奋的精神和高尚的品格，不可能自立于世界民族之林。学校在“弘扬传统文化，传承国学经典”的过程中，融入了爱国主义、团结友爱、和平友好、勤俭节约、自强自立等方面的教育，使学生在活动中习得良好的品质。

2. 学习德育思想，弘扬仁义道德

中国是一个文明古国，素有“礼仪之邦”之称。中国的德育思想极为丰富，涉及教育思想、政治思想与伦理思想等方面的内容，这对中国人的为人处世及生活方式等产生了深远的影响。廉江市第一中学采用言传身教、寓德育于文化中、寓德育于活动中等方法和手段，在课堂教学中渗透德育思想。如在历史教学中突出孔子“仁者爱人”的“仁”和“经国家，定社稷，序人民，利后嗣”的“礼”，在语文教学中科学地解读《礼记》中的“修身为本”的主张，在德育实践活动中突出“百善孝为先”的思想教育。另外，学校还在对学生进行品格养成教育时，不断地让学生与品德高尚的人交流，从而渐渐地提高学生的道德品质。

3. 学习先进知识，走向国际舞台

廉江市第一中学注重学生德、智、体、美、劳的和谐发展，力求培养全面发展的学生。张旭在不断学习先进的德育理念和管理知识的前提下，创新“以学生为主体，以教师为主导，以调动学生的学习积极性为主线，以快乐课堂为主调，全面拓展学生的知识，提升学生的能力”的德育模式，让学校保持与国际先进文化的交流与合作。如廉江市第一中学合唱团曾前往香港，参加两年一度的“第四届香港国际青少年合唱节”，与世界一流的合唱团同台竞技，并获得小组合唱金奖、混声合唱银奖，成为广东省唯一获此佳绩的中学生合唱团。廉江市第一中学的学子凭借自身的实力、良好的精神风貌走向国际舞台并获得荣誉，这对“培养有中华灵魂和世界眼光的当代人才”的办学宗旨具有举足轻重的作用。

张旭说：“之所以把‘培养有中华灵魂和世界眼光的当代人才’作为学校的办学宗旨，是因为学校既要培养具有民族精神和骨气的人，又要培养放眼世界和眼光长远的人。”作为当代中国人，我们既不能丢掉中华民族几千年流传下来的民族之魂，也不能目光短浅，闭门造车。

（三）着眼全球，争当一流

校徽是学校的一张名片，看到它，就如同看到一所学校。

廉江市第一中学的校徽有着“着眼全球，争当一流”的意蕴，体现着“争一流、创特色，办名校、育英才”的办学目标。校徽的构造是由三个圆和一个“1”组成。最外面的大圆圈填充着蓝色，大圆象征地球，蓝色寓意着学校美好的蓝天；蓝圈的正上方写着“廉江市第一中学”几个字，这是学校的名称；蓝圈的正下方写着“No1. Middle School”，代表着学校要争当一流的学校。中间的大圆左上方偏黄色，右下方偏绿色，黄色和绿色自然衔接，寓意着学生的茁壮成长；大圆的左上方有一个耀眼的圆点，寓意着是金子总会发光的；大圆的右下方写着“2008”，这是学校的创建年份。最里面的小圆是一个蓝绿相接的循环圈，寓意着绿色环保，可持续发展；小圆中有一个红色的、倾斜的、舞动的“1”，这代表着廉江市第一中学想要争当一流；红色的“1”里，有一条航线，航线上有一颗闪亮的星星，象征着扬帆起航的人们努力追寻自己的梦想。

廉江市第一中学以“争一流、创特色，办名校、育英才”为办学理念与目标，以独特的校徽传达着学校的办学目标。学校以优秀的传统文化为抓手，以音乐、体育、美术等课程为特色，紧紧围绕既定的办学目标，开展德育体验活动，开创了学校的新局面。

以人为本是科学发展观的本质和核心，也是教育发展中的核心命题和基本价值取向。在科学发展观的指导下，张旭确立以人为本的办学思想，拓宽工作思路，带领教师明确责任、振奋精神、开拓创新，走德育科研之路，“培养有中华灵魂和世界眼光的当代人才”，打造“德育品牌学校”。

二、 科学育人的办学理念

办学理念是一所学校的生存之本和办学之魂，学校特色的形成离不开先进的办学理念。理念是教育精神和价值取向的集中表现，是一所学校的文化底蕴和办学思想的体现，也是教育者的一种理性思考和实践性追求。有特色的学校不会没有自己的办学理念，廉江市第一中学在追求成功的办学道路上，坚持“以德立校、以智强校，先成人、后成才”的先进办学理念，形成了“崇德尚礼”的德育理念。

孔子说：“不学礼，无以立。”西汉时期的文学家扬雄也说：“人而无礼，焉以为德。”古人早已将“礼仪”作为道德规范的基础，把学“礼”提升到加强人们道德修养的高度。“崇德”中的“崇”是推崇之意；“德”是指道德、德行，也就是人的品质或品格。“崇德”就是主张人要推崇高尚的品格。这是育人之本，体现了“育人为本，德育为先”的德育指导思想。所谓“尚礼”，就是崇尚礼仪、礼节。“崇德尚礼”即崇尚道德和礼仪。中华民族素有“礼仪之邦”的美誉。礼仪在人的行为规范中，作为道德精神的一种外在形式，可以显现出人们的道德水平。“礼”是道德精神，“礼仪”是道德行为，它们是本质与现象的关系。没有“礼”的实质内容，就没有指导“礼仪”行为的准则。

怀爱传情①（略有删改）

廉江市第一中学以“崇德尚礼”为德育理念，怀爱传情，形成了网络化、常态化、多元化、系列化的德育工作，夯实了学生品格培养的根基，树立了学校教育的一大品牌，获得了社会各界的广泛赞誉。

（一）寓德育于管理机制中

廉江市第一中学在德育工作中形成了双线管理结构：一条线是“校长

① 选自《廉江市第一中学德育资料选编》（学校内部资料）。

—政教处—年级长—班主任—政治教师—校外共建单位”；另一条线是“校长—团委会—学生会—班委会、团支部”。学校各机构人员任务明确，分工合作。政教处、团委会等专门德育机构负责学校德育工作的管理和落实；政治教师负责定期开设初中法制知识讲座和高中公民意识教育讲座。除了形成双线管理结构，学校还成立了德育工作领导小组，由张旭校长亲自担任德育领导小组的组长，小组成员坚持深入教育一线并指导年级长和班主任科学地开展学生教育工作。此外，学校还聘请廉江市司法局副局长为兼职法制副校长。同时，学校制订了《廉江市第一中学“争双优、创标兵”评比方案》《廉江市第一中学教师职业道德考核奖惩方案》等规范。在学生中，定期表彰“三好学生”“优秀班（团）干部”“优秀共青团员”“先进班集体”“优秀团支部”“道德标兵”；在教师中，定期评选“师德标兵”“优秀班主任”“先进德育工作者”等。学校全体师生坚持每周一升国旗后诵读《弟子规》，还要求学生进行学习《弟子规》后的心得体会演讲；学校成立了班主任研究会，建立了学生品德行为综合评价考核制度和学困生跟踪教育制度，建成了德育实践基地，逐步健全德育管理机构，完善管理机制，保证各项德育工作有条不紊地进行。

（二）寓德育于课堂教学中

课堂教学是学校德育育人的重要方式之一。学校开设思想品德教育课程，定期举办法治知识讲座，学校政教处制订了《学科教学渗透德育计划》，指导教师根据各学科教学内容的特点，在课堂教学中科学地渗透德育内容。如以《廉江市第一中学文明礼仪手册》为校本教材开设的文明礼仪课，各年级每周安排一节主题班会课、每月安排一节心理辅导课，初一、高一年级每周安排一节《论语》课等，引导学生学会做人、学会做事、学会交际。此外，学校在初中和高中分别举办法制知识讲座、公民意识教育讲座、安全知识讲座、校园消防演练、“我爱祖国的蓝天”读书教育活动、“感恩·激励”报告会等富有特色的德育活动。每一堂德育课都是一份“精神的营养餐”，让学生在活动中得到启发。

（三）寓德育于文化活动中

廉江市第一中学德育工作的最大特点是寓德育于各种文化活动中。12

月18日是学校的科技文化艺术节，学校会精心策划与组织各种各样的科技文化活动。另外，学校还利用节假日开展一系列有特色的德育活动。如在青年节，开展以“理想与爱国”为主题的演讲活动；在国庆节，全校每班出“迎接国庆，爱我中华”板报；在感恩节，请专家或学者做“学会感恩”专题演讲。同时，学校在读书节、教师节、植树节、安全日、无烟日等都会组织各种主题教育活动。学校每周开展“争双优、创标兵”班级评比，以评促教；定期组织高中学生参加社会实践活动，组织初中学生参加廉江市孤儿院的联谊活动，让学生体验生活、学会尊重他人、学会关爱等。此外，学校还结合实际情况有计划地开展各类文体活动。如体育科组举办田径运动会、广播体操比赛、球类比赛等体育赛事；艺术科组举办“四德五心六歌”歌咏比赛、“爱国爱校歌曲大家唱”文艺晚会、“南粤校园党旗红”大合唱比赛等文艺活动。学校的社团也百花齐放，相继成立了文学社、礼仪队、志愿者组织、科技协会等学生社团组织，培养学生的特长，展示学生的风采。如今，文明礼仪志愿者服务队已成为学校的一道亮丽风景线。每当学生回校的时候，志愿者在校门两侧，手持“请佩戴校徽”“老师、同学们早上好”“祝同学学习愉快”等标语，微笑着迎接师生返校；每当学生在食堂用餐的时候，志愿者手持“请自觉排队”“请爱惜粮食”“请将餐具放到回收处”等标语，引导学生文明就餐。

（四）寓德育于心理健康教育中

对学生进行心理健康教育是廉江市第一中学的一项重要举措。学校成立了心理协会，每学年为各班培养两名心理委员；开设了心理健康教育课程；设有独立的心理咨询室，由专职心理教师负责管理；定期更新心理健康教育知识墙报、开设心理学知识讲座、举办相关游园活动等。已获得二级心理咨询师资格的张旭非常重视学生的心理健康教育工作，也常常运用心理学的知识解决师生的心理问题。创新后进生转化方法，开设幸福人生课堂，用真情感染学生，用赞美激励学生，用鼓励培植学生的信心，是廉江市第一中学德育工作的一大创新。

随着德育工作的不断推进，以及“崇德尚礼”德育理念的实施，廉江市第一中学全体师生的精神面貌焕然一新。一个人对礼仪价值的认知水平，可以从他的仪态和行为中体现出来。古人说："人无礼则不生，事无礼则不成，国无礼则不宁。"一个人从出生起，就必须接受礼仪教育，礼仪素养会影响人的一生。《礼记》中说："礼仪之始，在于正容体，齐颜色，顺辞令。容体正，颜色齐，辞令顺，而后礼仪备。"我们既然选择了以道德为原则的"礼仪"，就应该把道德原则的要求按照"礼仪"的方式组织起来，落实到全体师生的行动上，提升全体师生的素质。

三、个性鲜明的办学特色

学校的办学特色是学校在全面贯彻国家教育方针的基础上，根据自身的特色优势，运用先进的办学理念，在办学实践中逐步形成的教育思想、培养目标、教学管理、课程内容、师资建设、教学方法以及校风、教风、学风等综合的办学风格和特征。确定学校的办学特色需要研究历史、分析现状、面向未来，经过精心的提炼和建构而形成具有个性特征、与众不同的品质。这是一所学校积极进取的表现，也是一个"人无我有，人有我优，人优我新"的不断追求卓越的过程。廉江市第一中学的校训、校风、教风、学风等都体现了个性鲜明的办学特色。

（一）独特的校训：厚德、博学、砺志、笃行

校训是一校之魂，是学校教育精神的浓缩。校训体现了一所学校的个性，在某种程度上发挥着座右铭的作用。校训能教导学生怎样为人，激励和劝勉在校的每一位师生，即使是离校多年的人，也会将校训铭记于心。它是一所学校的标志，是学校德育工作的载体，也是校园文化建设的重要组成部分。

哈佛大学把"与柏拉图为友，与亚里士多德为友，更要与真理为友"作为校训，其内涵深邃隽永，令人肃然起敬。"自强不息，厚德载物"是清华大学的校训，它激励了一届届清华学子，感染了一代代清华人。廉江市第一中学则把"厚德、博学、砺志、笃行"作为校训，体现了学校的整体价值追求，反映了学校的独特气质，显示了学校的文化底蕴和治校风范。

“厚德”语出《周易》：“天行健，君子以自强不息；地势坤，君子以厚德载物。”“厚德载物”现多指用崇高的道德、博大精深的学识培育成才。《诗经》中说：“有容，德为大。”能够宽厚容人，就是最高的道德。“厚德”作为中华民族的优良传统，要求我们每一个人在做人和做事时要有高尚的道德，能用公正、诚信和与人为善的态度处理好人与人之间的关系。学校以“厚德”为校训，希望全校师生要厚德。领导要厚德，要常修为政之德，常思贪欲之害，常怀律己之心，以德治校，全心全意为师生服务；教师要厚德，要有高尚的师德，把德育渗透到教育的每一个环节，树广厚之德、仁爱之心，育崇德尚礼之才；学生要厚德，要切实遵守中学生日常行为规范和各项规章制度，养成积极、健康、向上的学习和生活习惯，尊敬师长、孝顺父母、尊重他人、友爱同学，培养高尚的道德情操。学校要以深厚的德泽育人利物，培养学生容人容物的雅量，使学生成为以宽厚而高尚的德行承担重大责任的人。

“博学”语出《论语》：“博学而笃志，切问而近思，仁在其中矣。”意思是博览群书，广泛学习，而且能坚守自己的志向，恳切地提问，多考虑当前的事，仁德就在其中了。“博学”既有学问博大精深的意思，又有广泛学习、学识渊博的内涵。学校以“博学”为校训，希望全校师生要博学。领导要博学，要不断学习管理知识，成为科学治校、人本管理的典范；教师要博学，要不断学习专业知识和技能，成为启愚厚教、培根浚源的楷模；学生要博学，要不断学习科学文化知识，成为会学习、会做人、会处事的当代人。总之，“博学”就是要求全校师生在学习中要懂得做人的道理，善于把知识转化为实践能力，树立开阔的胸襟，敢于吐故纳新。

“砺志”即磨砺意志，出自李渔的《慎鸾交·久要》：“待我砺志青云，立身廊庙，做些显亲扬名的大事出来。”“砺”的本义是磨石，用作动词，便是磨砺的意思。“志”即意志、志向、理想。“砺志”是一种追求远大志向和人生理想的态度，是一个人学习、进步和成功的基础。学校以“砺志”为校训，希望全校师生都要砺志前行。教师、领导要志存高远，坚守自己的教育理想，在实际工作中锻炼意志力和抗压能力，克服各种困难，使自己始终保持工作热情，积极主动、创造性地完成工作，为祖国培养更多的栋梁之材；学生要树立远大的志向，在学习和成长过程中脚踏实地地追求梦想，在实践的磨砺中逐渐形成坚强的意志和刚毅果敢的性格，积极地面对生活，不畏挫折，追求卓越。

“笃行”语出《中庸》：“博学之，审问之，慎思之，明辨之，笃行之。”我们在博学慎思的同时，还要善于把学到的理论知识运用到实践中进行检验，这样才能真正学到知识。“笃”意指忠实、专注、一心一意。“笃行”是一种专心致志、锲而不舍、迎难而上的精神。以它为治学的方向和目标，体现了学校强调实践、注重“知行合一”的治学方法。学校以“笃行”为校训，希望全校师生都要笃行。领导要践行科学发展观、党和国家的教育方针政策，善于管理；教师要践行新课程理念，做好教学工作，认真教书育人；学生要践行中学生日常行为规范，将理论知识与实际联系起来，敢为人先，敢于创新。

校训是学校为了树立良好校风而制定的，是全体师生应该共同遵守的基本行为准则与道德规范。廉江市第一中学以“厚德、博学、砺志、笃行”为校训，反映了学校的办学宗旨和治校精神，显示了学校独特的教风、校风和学风，展现了学校的文化追求和精神风貌。另外，校训还具有评价、导引和激励的作用。从这个意义上说，无论是将校训内化为一种自觉的评价标准，还是将校训内化为一种自在的导引，都要落到实实在在的激励行动上。

（二）独创的校风：孝亲、尊师、赞美、鼓励

廉江市第一中学以“孝亲、尊师、赞美、鼓励”为校风，与学校重视传统文化教育有关。张旭说：“很多学校的校风都是千篇一律的，而我们学校的校风，在全国乃至全世界都找不到一样的。”“孝亲”是对父母要孝顺，“尊师”是对师长要尊敬，“赞美”“鼓励”是为了营造一个处处是赞美、处处是鼓励的氛围。张旭说：“如果你骂别人，别人不高兴，你也不高兴；如果你赞美别人，别人高兴，你自己也高兴，这就达到了一种双赢的效果。每天说三句赞美的话，三天后你的心情就很不一样，很阳光了。”

张旭还说："每个人每天说三句赞美的话，鼓励一个人，那么整个校园就会更美好。"

赞美别人等于成就自己[①]（略有删改）

小华是一个家庭贫穷、学习基础不好的男生。进入高三后，他因父母期待过高和自身压力过大，出现了厌学情绪，曾产生过辍学出去打工的想法。

由于家庭贫穷，小华常常不知道自己的学费什么时候能交完，也不知道自己下个月的生活费怎样解决，更不知道自己考上大学后能不能去读书。一系列问题困扰着小华，使他产生了厌学情绪，有了外出打工的想法。张旭了解情况后，对小华说："小华，办法总比困难多。关于学费、生活费的事情，你不用想太多，你的父母会尽力想办法的，我们学校也会尽力为你排忧解难。你现在最重要的是专心复习，在高考中考出理想的成绩，考上理想的大学。一切困难都会过去的，船到桥头自然直。"张旭根据"清华园基金"的规定，借给小华学费，并根据学校的其他规定帮助他解决伙食费问题。于是，小华生活困难的问题就解决了。

小华由于父母的期待过高和自身的学习基础不扎实而造成心理压力过大。张旭说："小华，你知道吗？有人对你有100%的信心，就会对你有100%的期待。可能你父母对你的期待过高了一点儿，但是你要相信父母对你是充满信心的。有压力才有动力，有适当的压力是件好事，这说明你对自己的学习很重视。"小华缓缓地舒了一口气说："我不能给自己太大的压力，要不我就喘不过气来了。"张旭说："对待压力，你可以适当地做一下'减法'。课余时间，你可以去散散步，打打球，找几个知心的朋友聊聊天，放松一下心情；回到家里，你可以和父母交流一下你现在的学习情况。"张旭运用心理学的知识，慢慢地化解了小华的心理压力，让他轻松地进入了学习状态。

生活的美好可以提升一个人对生活的热爱程度。张旭叮嘱小华，要每天说三句赞美的话，鼓励一个人，还要每天填写成长记录表。小华谨记张

---

① 选自《廉江市第一中学德育资料选编》（学校内部资料）。

旭的叮嘱，每天去赞美老师、同学、朋友、天气、饭菜、空气等，鼓励身边的人。一个月后，小华变得阳光开朗起来了，学习状态也好了。

争当第一，舍我其谁。2012 年小华顺利地考上了北京林业大学。2013 年 10 月，张旭到北京学习，由于天气原因，他感冒了，咽喉发炎很严重，要留在医院打吊针。在北京上大学的小华知道了这件事，马上赶到医院探望。在离别时，小华小心翼翼地从衣袋里拿出一支黑色的钢笔，递到张旭的手里说："校长，这是我在大学获得的第一份奖品，我要把这支钢笔赠送给您，以表达我对您的心意。这支钢笔虽然不值钱，但是它对我的意义是非凡的。祝您早日康复、工作顺利！我一直记得您说的那句'赞美别人等于成就自己'，这令我现在的学习、生活十分快乐。有您的支持，无论走到哪里，我都不会孤独的。我爱您！"

张旭常对学生说："赞美别人等于成就自己。"他要求每个学生每天说三句赞美的话，鼓励一个人。全校师生都行动起来，营造了一种处处是赞美、处处是鼓励的氛围。一位德育专家来到廉江市第一中学，对"孝亲、尊师、赞美、鼓励"的校风非常感兴趣，说他从未看到过如此有特色的校风。

（三）独到的教风：传道授业、诲人不倦、言为世则、行为世范

教风是教师德与才的表现，是教师整体素质的核心，也是校风的重要组成部分。从某种意义上说，教风是一所学校崇高的精神旗帜，能对学生起到熏陶、感染的作用。好的教风可以提高学校的知名度、社会声誉以及社会认同感。廉江市第一中学以"传道授业、诲人不倦、言为世则、行为世范"作为教风，体现了教师传道授业、教诲学生永不厌倦的敬业精神，以及教师的言行是世人的准则和示范的表率。

"传道授业"出自韩愈《师说》："师者，所以传道授业解惑也。"它是指教育要经过传道、授业、解惑这三个并列而行的综合过程。"传道"是指传授、教给道德观念，即给予学生良好的思想道德教育。"授业"是指传授能够使学生适应生活、适应社会的各种技术、理论知识。因此，作为一名教师，必须要有丰富的学识，与时俱进，不断探索科学的教学方法，

真正做到既授人以鱼又授人以渔，通过因材施教，发展学生的个性，使学生形成健康的心理素质，会读书、读好书。

“诲人不倦”出自《论语·述而》：“学而不厌，诲人不倦，何有于我哉?”“诲”是指教导，“诲人不倦”的意思是教师教导人要特别有耐心且从不感到厌倦。学校以“诲人不倦”作为教风，启发教师要面向全体学生，以教为业且以教为乐，不断进取，树立诲人不倦的精神，静心教书，潜心育人，耐心细致地做好工作。

“言为世则”的基本含义是“所言为世人之则”。苏轼在《父池赠太师追封温国公》中说：“德为世范，言为世则。”意思是说，德行要成为社会的典范，言语要成为社会的准则。以“言为世则”作为校训，就是要求教师的言语要能够成为社会的准则。

“行为世范”的基本含义是“所行为世人之范”。以此为校训，也就是说教师的行为要方方面面、时时刻刻都光明正大，能够成为社会中的模范。“行”，包含了立身处世的两个层面：一是立身要有爱国之心，存民族大义，树远大理想，养浩然正气；二是处世要有历史使命感，关注国计民生，以天下为己任，有社会责任感，以满腔热情服务于社会，积极投身于构建社会主义和谐社会的伟大实践之中。金朝礼学家张行简说：“为师之道，端品为先。模范不端，则不模不范矣。不惟立言制行，随时检点，即衣冠瞻视，亦须道貌岸然。”由于教师天天与学生打交道，教师的一言一行、一举一动及其思想品德、行为习惯、待人接物方式、兴趣爱好、仪容仪表等都会对学生产生潜移默化的影响。我国儿童教育家孙敬修曾形象地说，孩子的眼睛是录像机，耳朵是录音机，脑子是电子计算机，录下来的信号装在电子计算机里，储存起来，然后指导他的行动。教师的品德对学生会产生一种神奇的教育力量。

教风表现在课堂教学及各项教学活动中，也表现在科学研究和学术活动中，还表现在教书育人和为人师表等方面，是教师的世界观、人生观、价值观、道德修养、知识水平、文化水准、精神面貌等方面的综合表现。

（四）独有的学风：勤学、善思、互助、奋进

学风既指一所学校的治学精神、治学态度和治学原则，也指学生的行为规范和思想道德，是学生在学习过程中所表现出来的精神风貌。有时学风也特指学生的学习态度和学习风气。廉江市第一中学在办学过程中形成了“勤学、善思、互助、奋进”的学习风尚，体现了廉江市第一中学的学子在学习和生活中所表现出来的学习作风和精神风貌。

“勤学”出自《东观汉记·桓荣传》：“荣少勤学，讲论不怠，治《欧阳尚书》。”它强调学习的过程和学习的态度，旨在倡导严谨治学、学而不厌、终身学习的风气。“勤”是指勤奋、勤劳。“勤学”要求广大学生不断学习、不断进取，不仅要学习专业知识，还要学会做人和做事，把自己培养成社会需要的综合型人才。

“善思”出自《荀子·成相》：“臣谨修，君制变，公察善思论不乱。”在《论语·为政》中，孔子以“学而不思则罔，思而不学则殆”精辟地道出了思考和学习的辩证关系。“善”是擅长、长于的意思。“善思”即善于思考，敢于批判和质疑。“善思”是学生提高学习质量的基础，也是创新的关键。

“互助”就是在学习和生活上互相关爱，互相帮助，快乐学习，共同进步。

“奋进”就是要求学生在学习中奋力进取，不沉湎于过去，不满足于现状，勇于创新，敢于争先，不断地超越自我；学校要不断发展，教师要不断提高，学生要不断进步。

（五）青春之歌：我们是未来的希望

廉江市第一中学的校歌是由张旭、周崇练作词，谭振强作曲的《我们是未来的希望》。张旭说：“每当我唱起或听到这一首歌，都非常有感触。只有亲身经历了廉江市第一中学建校的千辛万险，才能写得出如此具有感染力和号召力的歌词。我把自己对廉江市第一中学的真情实感以及对教育的热爱都写进来了，并把它谱成歌曲，作为校歌来传唱，鼓励一代代的莘

莘学子，大家不仅是学校的希望，而且是未来的希望。”

我们是未来的希望

九州江畔山欢水笑
大塘岭上书声琅琅
我们相聚一起
我们志在四方
厚德博学砺志笃行
编织绚丽的理想
争一流创特色
铸造明天辉煌
年年桃李
岁岁芬芳
我们是祖国的栋梁
钟声敲响
信心点亮
我们是未来的希望

张旭筹建廉江市第一中学，是一切从零开始的。但是，为了“争一流，创特色，铸造明天辉煌”，他常常背着一沓沓资料，去湛江，到广州，日夜兼程，努力做好每一项工作，最终以“廉江速度”建成了廉江市第一中学。张旭无疑是勇于探索、敢于创新的典范。

校歌往往能体现一所学校的生命力，使人一听到就能唤起某种情感，使学生一唱起就能凝聚团结一致的力量。每当学校有重大活动，学生都会唱起《我们是未来的希望》这首歌，并让它伴随着活动的始终。

第五章　德育智慧　德行人生

亚里士多德认为，智慧是一种理智德行，没有理智的德行，品格中的任何德行都难以实现。张旭认为，教育是一门心灵的艺术，需要智慧；德行是一种人文关怀，需要智慧；而德育既需要德育者运用教育艺术与教育智慧，又需要其有人文关怀与德行。因此，德育工作需要建立在人文精神的沃土之上，运用教育智慧和教育艺术来引领学生的生活实践，进而成就学生的德行人生。

第一节　精神沃土：建设德育文化

学生品德的养成离不开日常生活环境的熏陶，正所谓“近朱者赤，近墨者黑”，我们建设德育文化，要关心学生的精神生活，尊重学生的价值，需要弘扬人文精神。人文精神是培养优良传统的沃土，离开人文精神，孤立地去抓德育，犹如无根之树和无源之水。只有把德育工作建立在人文精神的沃土上，打造良好的课堂文化、班级文化、校园文化，才是建设德育文化、开展德育工作的有效途径。

一、课堂建设中的德育文化

美国教育家罗杰斯主张以学生为中心进行道德教育，要求通过教学过程推动学生自我人格的成长。由于目前我国大部分在校学生的很多时间都是在课堂中度过的，而他们的主要精力又集中在各学科学习的实践活动中。这就要求各门课程的教学都要准确理解、深入领会课程标准中关于情感、态度和价值观的培养要求，积极探索可行的德育方法，并充分利用、挖掘不同学科的内容和材料里所蕴含的价值因素及德育资源；教师在教学设计、教学策略方面要深入研究，尽可能地把道德教育渗透到整个教学过程中，努力实现各个教学目标的有效整合；在教学过程中，教师不仅要注重学生的知识掌握、技能形成情况，还要注重促进学生良好道德品质的形成和良好行为习惯的养成，增强学科教学中德育的感染力。张旭说，学校的德育建设只要抓住了课堂教学这一关键环节，也就抓住了德育的命脉。因而，课堂不仅成了学生学习科学文化知识、形成基本技能的主要场所，也成了学生提升思想道德水平的主要阵地。

教学艺术上靓丽的花朵[①]（略有删改）

有一次，张旭上语文课，正讲得精彩时，一位姓宋的学生突然重重地拍了一下桌子。顿时，全班同学的目光都投向了他，大家想知道张旭会如何处理这件事。

张旭说："××同学，你可能是因为某些原因才这样做的，我不怪你。如果你真有什么事情，课后可以来找我，和我聊聊。这是我很乐意的事情。"

一下子，整个教室都安静下来，那位宋同学也没说什么。张旭看到这种情景，便继续讲课了。在接下来的课堂时间里，宋同学都表现得很平静，再也没有什么事情发生了。课后，张旭找到宋同学了解情况。张旭首先表扬了他敢说敢管的胆量。因为坐在他前面的女同学在上课时不仅说小话，而且捉弄他，这令他无法忍受，所以就拍起桌子来。接着，张旭对宋同学说："你敢说敢管的特质，我非常欣赏。我要任命你为班上的纪律委员。"宋同学原本是一个表现不怎么好的学生，但自从担任纪律委员后，他不但开始遵守纪律，而且学习成绩也变得优秀。

① 选自《廉江市第一中学德育资料选编》（学校内部资料）。

（一）强化教师的德育意识

德育是学校教育的重要组成部分，它以陶冶人的情操、净化人的心灵、提高人的思想和完善人的德行为核心。张旭认为，新时代的教师应明白，学生良好的行为习惯、高尚的道德情操，以及正确的世界观、人生观和价值观才是其享用一生的财富。因此，教师应从应试教育的泥潭中走出来，树立全面育人的观念及以学生的全面发展为核心的教育理念。在德育文化建设中，强化教师的德育意识是一种必要措施。

（二）强化教师的课程意识

课程是德育的主要载体，具有日常化、常态化的特点。教师应在课程中渗透德育意识，使学生接受“润物细无声”的道德品质教育。张旭强调，教师应该抛弃狭隘的课程观，从课程教学就是传授知识的观念中解放出来，在引导学生掌握知识与技能、熟悉过程与方法的同时，一定要恰到好处地落实情感态度与价值观方面的教学目标。

（三）强化教师的表率意识

“教师是人类灵魂的工程师。”教师要教书育人，首先就要有高尚的道德情操，这样才能以德治教和以德育人，做到“学高为师，德高为范”。张旭指出，无论是在课内还是在课外，教师的一言一行、一举一动、一颦一笑等都要有表率作用；教师要以身作则，要求学生做到的自己首先要做到。

二、班级建设中的德育文化

学校工作的中心是教育，而教育的首要任务是德育。班级授课制是我国目前学校教育的基本形式，做好班级德育工作对学校工作的有效开展起着十分重要的作用。班级文化是“班级群体文化”的简称，主要指班级内部形成的具有一定特色的思想观念和行为规范的总和，是一个班级内在素质和外在形象的集中体现。它主要包括班级形象、班级精神、班级凝聚力、班级目标、班级制度、团队意识、班级文化活动等，其核心是班级精神和价值取向。教师可以通过班级文化建设来促进班级德育工作，让学生乐学、乐做，在班级活动过程中不知不觉地受到教育，规范自己的行为。

让首善之花香满校园①（略有删改）

我们班有一个理念：创首善之班，育首善之人。什么是首善？就让我们从“首善”这个词说起吧。

“首善”源自中国传统的教化思想。有句古语说：“首善者，第一善也，上上善也。”如果从字面上理解，“首善”就是指具备最美好的品质。“最美好的品质”指什么呢？

古人说：“上善若水。”即最美好的品质应该像水一样。为什么我们的祖先将“水”作为最美好品质的典范，倡导人们效仿呢？我觉得水至少有五种品质值得我们学习和效仿。

一是正直无私，因为水虽平凡，却滋养万物，任人取用，不分亲疏，一视同仁，付出却不求回报，是滋润万物的精灵。

二是自然真实，因为水流必向下，或短或长，或直或曲，遵循自然规律，不争高低，随遇而安，展现真实的自我。

三是志向坚定，因为水发源必自西，归宿必到东，矢志不渝，坚持到底，从不忘东流入海的理想和抱负。

四是勇敢无畏，因为水虽柔软，却有着雕山刻石、改变自然的力量和毅力，千尺高山挡不住，万丈深涧留不住，即使百转千回，也终必向前。

五是胸怀宽广，因为水会在奔流的过程中随地貌、山势而变，既能在林间浅唱低吟，也能在高原寂寞独行，云山飞瀑声若雷，深谷积渊静无语，宠辱不惊，能屈能伸。

我常听一些同学说，我们倡导“育首善之人”，但我们不知道如何成为“首善之人”。我想，要成为“首善之人”，就要时时刻刻坚守和秉承上

---

① 郑俊治．让首善之花香满校园［EB/OL］. http：//blog. sina. com. cn/s/blog_8dccdc3d0100xurk. html，2011－10－27.

善之水的五种品质，善待自己、善待他人、善待环境，共同营造学风浓浓、爱心满满、环境美美的书香班级，努力成为一个彬彬有礼、堂堂正正的“首善之人”。

记得一位演讲家说过这样一句话：“一个国家、一个民族、一个政党，如果没有一种精神，就不会发展壮大；一个企业如果没有一种精神，就不会在竞争中求得生存；一个人如果没有一种精神，就永远也不会长大。”

我们班级的发展需要我们每一个人在心中树立一个信念，那就是培养首善精神。当我们把首善精神变成“上善若水，礼行天下；日行一善，善行一生”的行为时，我们班级将洒满爱的阳光；当我们把首善精神变成“追求卓越，止于至善；没有最好，只有更好；赢在首因，胜在本源；积善成德，善行一生”的信念时，我们班级将会充满希望。我衷心地期盼首善精神能铭刻在我们每一个人的心中。

让我们共同携起手来，让首善之花香满校园，让教育的幸福洒满心间！

（一）创首善班，育首善人

以“首善”为主题，创建“首善之班”，培育“首善之人”，这是廉江市第一中学班级建设中的一大特色。张旭说，一个好的班级，首先要有先进的班级管理理念，其次要有崇高的班级精神，再次要有催人奋进的班级信念。廉江市第一中学的全体学生根据实际情况，以“首善”为主题，以“创首善之班，育首善之人”的理念建设班级文化，取得了斐然的成绩。

（二）礼行天下，善行一生

孔子说：“夫礼者，理也。”张旭认为，一个懂礼仪的人，就能懂得做人做事的方法。在日常生活中，同学之间、师生之间如果能彬彬有礼地问候、交往，就能营造“礼仪之班”的氛围。“日行一善，善行一生”，就是要求学生每天做一件善事，并用一生的时间去做善事。“百善孝为先”，对父母的孝敬与感恩，对师长的尊重与爱戴，对同学的赞美与鼓励，都体现着一个人的善行与德行。

（三）追求卓越，止于至善

“首善”体现在信念上，就是“追求卓越，止于至善”；体现在追求事物的态度上，就是“没有最好，只有更好；不断超越，直至达到最完美的境界”。张旭说，教室布置力求自然、整洁、和谐，努力营造一个阳光、开放和积极向上的氛围，这也是班级文化建设中的一种“止于至善”。

三、校园建设中的德育文化

苏联教育家苏霍姆林斯基说：“无论是种植花草树木，还是悬挂图片标语，或是利用墙报，我们都将从审美的高度深入规划，以便挖掘其潜移默化的育人功能，并最终连学校的墙壁也在说话。”校园文化显示了学校的特色，是学校重要的教育资源，是教师专业成长和学生生命发展的肥沃土壤。“生活即教育”，学生在学校过什么样的生活，接受什么样的教育，直接关系到学生将成为什么样的人。校园生活本身就是一种具有导向性的教育，它创造了一个陶冶情操的场所、情境，并通过校风学风、文化传统、价值观念、人际关系等表现出一种观念形态，这对青少年品德的养成及提升能起到导向的作用。德育工作是校园文化建设的重要环节。因而，要加强德育的针对性和实效性，就要优化校园文化建设，营造理性的育人环境，形成良好的育人氛围，以渗透性的方式对学生进行教育，使学生的情感得到熏陶、良好的行为习惯得以养成。

（一）创造德育环境，建设校园物质文化

校园物质文化是指按照学校的教育目的及具体化的教育目标而建设的学校物理环境，它是学校教育资源的重要组成部分，是一种特殊的文化景观，包括教学和科研设施、工作和生活场所，以及校园绿化环境等。在创造德育环境方面，张旭提出了自己的想法：一方面，通过创设和营造一种环境，将学校所倡导的办学目标、育人理念、德育主题等蕴含其中，让学生身临其境地体验和感受这种浓厚的文化氛围，从而启发学生的道德认

识；另一方面，通过提供现实的校园物质文化来激发学生美好的道德情感，促进学生思想品德的养成。廉江市第一中学在建设德育环境的过程中，通过特色广场、校史馆、本土文化长廊、本土名人雕像等，形成了校园物质文化建设中的一道道靓丽的风景线，更为德育工作提供了肥沃的土壤。

（二）深化德育工作，完善校园制度文化

校园制度文化是指学校为了维系正常的教育活动及完成各种教育目标所制定的各种规章制度、行为规范、公约守则等。它既是学生自觉遵纪守法的依据，又是学生进行自我教育和自我管理的依据。苏联教育家马卡连柯说，我们应当把有组织的教育影响针对着集体，同时把个人保留在集体内。张旭认为，有效的学校管理制度有利于推进学校德育工作的开展，也有利于学生的全面发展。廉江市第一中学在不断探索德育工作的过程中，形成了双线管理结构，学校各管理机构任务明确，分工合作。

（三）开展德育活动，提升校园精神文化

校园精神文化是指一所学校的历史传统、价值体系、理想信念、人文氛围、思维模式、校风学风、集体舆论等。它是校园文化的内核，也是一种独立的精神存在，具有较强的凝聚力和向心力。张旭指出，丰富多彩的德育活动，既是校园精神文化建设的重要载体，又能促使学生养成良好的行为习惯。廉江市第一中学开展一系列德育主题活动，让学生加深认识，深入体会，养成良好的行为习惯。

第二节　德育工程：开发校本课程

德育工作是一个系统工程，需要每一个德育工作者全力建设。俄国教育家乌申斯基说："教育的目的在于使学生获得幸福，不能为任何不相干的利益而牺牲这种幸福，这一点当然是毋庸置疑的。"德育是一项引人求

真、导人向善，使人不断获得快乐、感受幸福、丰富精神世界的活动。张旭说，德育不仅要着眼于学生的体验，而且要注重德育的价值，不断充实德育的内容，使学生的德行得到持续发展，使他们的精神生活变得丰富起来。因此，在开发德育校本课程的过程中，廉江市第一中学通过充满人文意味的课堂德育使学生的心灵受到震撼，通过与时俱进的校本培训使教师的德育水平得到提升，通过研精覃思的课程开发使德育工作变得更有体验性、适应性和价值性。

一、充满人文意味的课堂德育

在所有学科中，最富有人文意味的学科当属语文。张旭指出，在语文教学中，每一个细节、每一篇课文、每一件事情，都蕴含着丰富的德育内涵，关键在于教师怎样挖掘、提炼，并借助画龙点睛的技法对学生产生一种持久的正面影响。正所谓“生活处处皆语文，语文时时系德育”。语文教学与德育工作密切相关，语文教学对德育工作的影响不是间接的，而是直接的。苏联教育家苏霍姆林斯基说：“如果学生没有学习的愿望，我们所有的计划、所有的探索和理论统统都会落空。”为了更好地完成教学任务、取得良好的教学效果，教师要从课文中挖掘出深刻的德育内涵。

《项链》教学设计（节选，略有删改）①

步骤一：填补空白，深化主题

师：假如你是女主人公玛蒂尔德，得知项链是假的之后，你会怎样？（学生很活跃。）

生：高兴地大叫起来，要回那条项链。

生：当场晕过去。

生：失魂落魄。

生：紧紧抓住让娜的手，问她为什么不早点告诉我，害得我现在这样，要她还我的青春。

---

① 选自《廉江市第一中学教案选编》，作者为张旭。

生：一开始脑子一片空白，接着心里变得很坦然，觉得现在的生活也挺好的，从此以后踏踏实实地过日子。

……

师：同学们的想象力非常丰富。假如你真是玛蒂尔德，在知道这样的结果后，你的心里可能会五味杂陈，感慨良多，但无论如何，都希望你能有一定的接受生活考验的能力，敢于面对生活中的种种困难，毕竟人生路上多荆棘，但也不乏美丽的风景。苏联作家苏曼诺夫曾说："艺术的打击力量要放到最后。"结局给人一种出乎意料的感觉，让人感到震撼，同时又给人留下无限的想象空间，这样的艺术我们称之为"留白艺术"。(PPT展示)

步骤二：对待梦想，有舍有得

师：小说中的女主人公玛蒂尔德在虚荣心的驱使下，不断追求，才有后面的悲剧发生。我们不难发现现实生活中处处都有这样的人，现在请小组内成员互相讨论一下，我们应该怎样对待梦想和追求呢？讨论后派代表回答。

(学生展开讨论。)

生：大千世界中，每个人都有追求。有的人会千方百计过上自己追求的生活，这常常会导致他们伤痕累累。因为他们的理智被蒙蔽了，所以他们失败也是正常的。

生：追求梦想需要坚持，虽然坚持了不一定会成功，但不坚持就一定不会成功。

生：追求梦想的过程也许会很坎坷，但只要那是自己心中追求的梦想，就应该坚持。

生：虽然有梦想和有追求的人都是值得赞许的，但也要注意符合客观实际。脱离了实际的梦想，就变成了幻想，变成了可望而不可即的追求。当有了切合实际的梦想和追求时，我们一定要为之付出努力。

师：同学们都有自己的看法。对待梦想和追求，我们一定要有正确的态度，有舍才有得，凡事都要脚踏实地、勤勤恳恳。尽管一分耕耘不一定会有一分收获，但是九分耕耘肯定会有一分收获。

步骤三：画龙点睛，体悟人生

师：一串假项链，十年苦人生。从玛蒂尔德的经历中，我们应该有所收获，有所启发。我们应该积极面对生活中的种种困难，从失败中、从生活中品味出人生的哲理，学会生活。

……

（一）引导学生理解文本，调动学习的积极性和主动性

语文是最重要的交际工具，是人类文化的重要组成部分，是工具性与人文性的统一。教师在语文教学中不仅要引导学生理解文本，而且应注重对学生的思想教育，调动学生学习的积极性和主动性。张旭说，小说主要是通过塑造人物形象来反映社会生活的，学生在学习时应当主动思考，从中感悟人生，学会做人与做事。教师可以通过讨论引导学生积极思考，从而认识自我、规划人生，找到正确的人生追求。

（二）启发学生思考问题，挖掘文本的思想性和情感性

“学起于思，思源于疑。”学习的过程是思考的过程，也是思想升华的过程。张旭认为，教师挖掘文本的思想性和情感性，引导学生思考与感悟，探讨人生价值和时代精神，可以帮助学生形成正确的思想和良好的行为，树立积极向上的人生理想。

（三）采用画龙点睛的方法，体现德育的生活性和体验性

语文课程中包含的德育资源非常丰富。张旭重视语文课程的熏陶、感染作用和教学内容的价值取向，突出了德育的生活性和体验性。在讲授《项链》一课后，张旭说了一句发人深省的话语——“一串假项链，十年苦人生”，以此启发学生体悟人生哲理，学会积极地面对种种困难，学会生活。德育需要“润物细无声”的耕耘，是一个潜移默化的过程。

二、与时俱进的校本培训

校本培训是指在教育行政部门、教师培训机构的规划和指导下，由中小学校长组织和领导，教师任职学校自主开展，紧密结合学校的工作实际，以提高学校教学质量和办学效益、促进教师专业发展为目的的教师在职培训形式。这不是给教师以简单的重复教育，而是给教师提供了一个提高自身专业能力、业务水平、教育能力等的机会。廉江市第一中学致力于打造“德育品牌学校”，这就需要有一支高素质的教师队伍。廉江市第一中学与广东实验中学结盟，采取“请进来，走出去”的办法培养本校的教学名师，同时实施《廉江市第一中学名师培养方案》和《廉江市第一中学新教师培训方案》，实行导师制，让新教师和有经验的教师“一对一”结对子，邀请湛江和廉江的教研员到学校听课、评课、做讲座，从而多渠道、全方位地提高教师的业务素质和专业素养。

向名校“拜师取经”

2011年3月，廉江市第一中学在派出10位名师到广东实验中学拜师学习的同时，聘请广东实验中学的10位经验丰富的骨干教师，与廉江市第一中学首批名师培养对象结为师徒，并举行了简单的拜师仪式。这些骨干教师将在业务能力和师德建设方面为本校教师提供指导。

（一）师徒“一对一”帮扶，提高培训质量

廉江市第一中学与广东实验中学结盟，每年派出10名校内优秀教师与广东实验中学的骨干教师通过“一对一”结对子，实现有经验的教师指导新教师的专业发展。培养对象在广东实验中学进行为期一周的跟班学习，从听课、辅导、作业批改，到参加备课组、科组活动，教师都要深入参与到教学的各个环节中去，虚心请教，认真学习。这种师徒“一对一”的帮扶式培训，充分发挥了有经验的教师在校本培训工作中的作用，大大提升了校本培训的质量，促进了培训对象的成长与成熟。

（二）校际之间的观摩与交流，促进教学反思

廉江市第一中学以传统文化为抓手，以论语广场为载体的德育特色，

吸引了不少国内外的学者来考察与访问，这为学校教育事业的发展提供了一个良机。在校际交流中，学校充分利用双方的办学资源，拓宽校本培训的渠道，增加教师参加培训的机会。廉江市第一中学每年派出10名优秀教师到广东实验中学拜师学习的同时，广东实验中学也派出10名优秀教师到廉江市第一中学进行观摩学习。两校在合作的过程中，取长补短，共同发展。

（三）注重教学的实践与探索，形成教学理念

向名校“拜师取经”，目的是学习其先进的教育理念，提升本校教师的教育能力，理论联系实际，促进教学改革，最终形成本校独具特色的教学理念。廉江市第一中学在教学实践过程中形成了“细、小、实”的教学原则。“细”即细化知识点，“小”即教学切入点要小，“实”即扎实。学校的各科教学以“双基”为出发点，夯实学生的基础知识和基本能力，形成了“坚定理念，构建实践教学体系”的教研氛围。

张旭说：“一位优秀的教师，不仅要做好教书的工作，而且要担当育人的责任。”廉江市第一中学师资力量的提升，为学校的德育工作奠定了坚实的基础。

三、研精覃思的课程开发

课程改革是基础教育改革的核心内容，也是现阶段全面推进素质教育的关键环节。《基础教育课程改革纲要（试行）》指出，要改变课程管理过于集中的状况，实行国家、地方、学校三级课程管理政策，增强对地方、学校及学生的适应性。新的时代要求德育工作者赋予学校德育工作以新的、符合时代要求的内容。校本课程开发是指在学校现场发生并展开的，以国家及地方制定的课程纲要的基本精神为指导，依据学校自身的性质、特点、条件以及可利用和开发的资源，由学校成员自愿、自主、独立或与校外团体、个人合作开展的，旨在满足本校所有学生学习需要的一切形式

的课程开发活动。[①] 张旭认为，在德育实践与探索的过程中，对学校德育进行深入研究，从中开发出具有本土特色的德育校本课程，既能弘扬我国传统文化的精华，又能促进学校办学水平的提高，凸显学校办学的特色，促使德育工作走上科学化、规范化、系统化的轨道。

多元解读《论语》[②]（节选，略有删改）

子曰："吾十有五而志于学，三十而立，四十而不惑，五十而知天命，六十而耳顺，七十而从心所欲，不逾矩。"

解读一：信念。

《论语》的第一章是《学而》，第二章是《为政》，这样编排是有其深意的。儒家为学的目的是什么？是为了"格物、致知、修身、齐家、治国、平天下"，是"为天地立心，为生民立命，为往圣继绝学，为万世开太平"。也就是说，读书就是为了天下太平、百姓安康，这就是为政。我们读书，也应该有这样的理想和信念。

解读二：立志。

"吾十有五而志于学"，孔子说他在十五岁的时候开始立志做学问。"志"就是指立志，那"学"是指学什么呢？《论语》通篇都强调"仁、义、礼、智、信、温、良、恭、俭、让"，即学怎样做一个君子、怎样通达人生的大道。读小学时，我们就"立"过许多"志"了。如写《我的理想》命题作文时，同学们常常写自己要当老师、工程师、解放军、记者、政治家、外交官、警察等。那时的我们就像一棵小草一样，风往哪儿吹就往哪儿倒，所以那时的理想也不能太当真，说说就算了。而中学阶段的我们正好处在非常关键的人生阶段。《论语》中说："君子立长志，小人常立志。"因为年少，我们的心智不成熟，容易受社会不良风气影响，进而误入歧途。然而，因为年少，我们理应志向高远。让我们谨记廉江市第一中学的校训"厚德、博学、砺志、笃行"，为自己的远大志向付出实际的行动，将来成为社会的栋梁之材。

---

① 徐玉珍：校本课程开发：概念解读［J］．课程·教材·教法，2001（4）．

② 选自《廉江市第一中学德育资料选编》（学校内部资料）。

解读三：修德。

孔子认为应该怎样治理天下呢？他认为最理想的方法是“为政以德”，即要“以德治天下”，通过修炼自己、完善自己的品德，使天下的人都归顺自己。……

（一）多元解读，挖掘传统文化的德育内涵

张旭认为，《论语》作为传统文化中的经典，它所反映的伦理道德、社会政治、文化教育、品德修养等方面的内容，对当今的德育工作仍有深远的意义。国学大师马一浮先生认为，《论语》就是“教人如何为君子”的经典德育专著。廉江市第一中学通过多元解读的方式，挖掘经典著作中所蕴含的德育内涵，既有传统观念，又有现实意义。

（二）群体探究，提升传统文化的德育价值

廉江市第一中学在德育校本课程的开发过程中，形成了以课题研究为引领，以传统文化为抓手，以群体探究为模式的思路。在“德育创新与特色发展校本研究”这一主课题下，又细分出若干子课题，如“实施传统文化教育，培育师生思想道德研究”“住宿生的养成教育研究”“德育主题班会课研究”“开展德育主题团队活动研究”“学科教学渗透德育教法研究”等。张旭指出，德育校本课程开发需要全校师生的积极参与，在集思广益的过程中，才能不断提升传统文化的德育价值。

（三）成果展现，引领传统文化的德育实践

“德育创新与特色发展校本研究”这一课题的研究成果丰富多样，有校本教材，如《读〈论语〉学做人——让青少年受益一生的儒学智慧》；有演讲文集，如《国旗下的成长》；有纪实视频，如《磨难中撑起一片蓝天》；有论文集，如《德育创新与特色发展校本研究论文集》；等等。这些德育成果，不仅体现了学校注重德育创新与特色发展，致力于打造出一支优秀的教师队伍，而且创新了学校德育模式，提升了学校的办学层次。

第三节 心灵艺术：成就德行人生

《周易·系辞》中说："天之大德曰生。"人是从天地中生化而来的，所以人要遵循天地的规律，这种"生生之德"在人身上的体现就是儒家所说的"仁"。"万物是天道生德所创生，其生活的处处在在都体现着天道生德，人、心灵、万物、天道生德，当然是为一且互相感知的。"① 教育是心灵的艺术，而人的心灵是一个极其宽广、复杂、多变的世界。因此，我们要想成就德行人生，就要有自明本心的德行所知、感性显现的德行之善和身体力行的德行之用。

一、自明本心的德行所知

张载在《正蒙·大心篇》中说："大其心则能体天下之物，物有未体，则心为有外。世人之心，止于闻见之狭。圣人尽性，不以见闻梏其心，其视天下无一物非我，孟子谓尽心则知性知天以此。天大无外，故有外之心不足以合天心。见闻之知，乃物交而知，非德行所知；德行所知，不萌于见闻。"张载所说的德行之知是指一种以道德意识为核心的"体天下之物""合天心""尽心尽性"的心理状态。"德行所知"不同于"乃物交而知"的"见闻之知"。"人谓己有知，由耳目有受也；人之有受，由内外于合也。知合内外于耳目之外，则其知也过人远矣。"一般人认为自己的知识是通过耳目接受外界的刺激而来的。实际上，耳目之所以能够接受外界的刺激，原因在于"内""外"的"合"，"内"指内在德行，"外"指外界世界。② 张载则认为"知合内外于耳目之外，则其知也过人远矣。"也就是说，真正的知识、促进人性美好的知识应该通过耳目之外的东西获得。这

① 刘晓民．牟宗三的德行之知与康德的绝对命令［J］．阴山学刊，2013（8）．

② 王黔首．"德行所知"与"德行之知"之区别及其意义——张载《大心篇》解读兼论其知识论［J］．贵州大学学报（社会科学版），2011（5）．

是一种超越常识的认知，达到了儒家所追求的理想状态——成人。张旭坚持“先成人，后成才”的办学理念，以学生内在德行的养成与外在功业的建立为目的，通过优秀的传统文化来熏陶和影响学生，进行创新式德育。

百善孝为先　幸福满人间[①]（略有删改）

1. 听文感悟

主持人：古今中外，有多少赞颂父母的歌曲，有多少讲述亲情的故事，有多少讴歌亲情的诗词名言。请欣赏林静带来的一篇文章《有一种爱是不能被猜疑的》，请同学们听完后谈谈各自的感受。（朗读文章，播放背景音乐《秋日的私语》）

生：听了这篇文章，我感同身受。以前，我非常羡慕同学一回到家，爸妈早已准备好热腾腾的饭菜等着了。而我呢，一回到家就要洗锅煮饭，烧火炒菜，所以心里非常不开心。后来我才知道，在外地做早餐买卖的父母，每天起早摸黑地干活，就是为了供我上学读书。从那以后，即使我回到家，没有热腾腾的饭菜等着我，我也没有怨言了。

生：我被刘刚妈妈无私的爱感动了。那么冷的天，她赤脚步行那么远的路去探监，竟然对儿子没有半点抱怨。相反，刘刚却为父母不能去看自己而埋怨父母。

生：听了这篇文章，我听到了母亲的心声，体会到了父母的艰辛与难处。可能我们很多人会像刘刚一样，问“妈妈，为什么天冷了你还赤着脚？为什么天冷了你还穿着单薄的衣服？”然而，我们却体会不到父母的艰辛，他们为了整个家而省吃俭用，往往几个月不吃一餐肉，多年不添一件新衣。

主持人：俗话说：“不当家不知柴米贵。”同学们以后要多理解父母的良苦用心，少一些怨言；多体谅父母的艰辛，少一些自私与任性。

主持人：现在请全班同学一起朗诵孟郊的《游子吟》，要求一边诵读一边感悟。

2. 真情表白

主持人：爱如灿烂的阳光，炽热而光明；爱似充满生机的草地，芳香

---

① 选自《廉江市第一中学德育资料选编》（学校内部资料），作者为张旭。

而怡人。然而，在日常生活中，我们总会与父母发生分歧甚至冲突，还常常埋怨父母啰唆。请你描述一个自己经历过的这方面的故事。今天你想对父母说些什么话呢？

生：十几年过去了，我和我的继父一直很少说话。上次，我回到家，继父说了几句我不喜欢听的话。于是，我立刻就大声顶撞了他，差点把他气坏了。妈妈赶紧过来把我拉开，这场争吵才停下来。妈妈对我说："你叔叔也不容易，这十几年来，他从来没有嫌弃过我和你们三姐妹。现在，你长大了，你不能这样顶撞他。"那一刻，我的心因理解了继父多年的养育之恩而突然变得温暖起来。现在，我想对我的继父说一句"我爱你"。

主持人：其实，人心都是肉长的，天下的父母都是一样的，都深爱着自己的儿女，只是有些时候我们不理解罢了。只要我们用一颗感恩的心，善待这份爱，相信雨后的晴空将会更加美丽动人。

3. 感恩调查

(1) 展示调查内容

(播放背景音乐《念亲恩》。)

主持人：这个调查是这样做的：由我来提问，同学们举手表示，符合的请举手，否则就不用举手。

(对知道父母的生日、了解父母的健康状况、经常与父母交流、为父母分担忧愁、为父母分担家务活等进行调查。)

(2) 汇总调查结果

主持人：其实，父母对我们的付出犹如大海，而我们对他们的回报犹如沧海一粟，是多么的微不足道，那么从今以后，就让我们也以海一样的深情去感谢我们的父母吧！

"百善孝为先。""孝"文化是中国传统文化中的一大主流文化。张旭认为，要培养学生的孝心，就要在德育的过程中重视学生本心的养成。康有为《新学伪经考》中说："夫孝者，天之经，地之义，人之行。自天子达于庶人，虽尊卑有差，及乎行孝，其义一也。先王因之以治国家，化天下，故能不严而顺，不肃而成。斯实生灵之至德，王者之要道。"孝，要求儿女尽对父母的赡养之责，以报父母的养育之恩。张旭强调"孝亲"

"尊师"，就是要求学生懂得孝敬父母、尊敬师长，在日常生活中不断地修炼自己的孝心，让孝心成为自明本心的良知。

二、感性显现的德行之善

德国哲学家康德认为，善良意志，并不因它所促成的事物而善，并不因它所期望的事物而善，也不因它善于达到预定的目标而善，而仅是由于意愿而善，它是自在的善，并且就它自身来看，它自为地就是无比高贵。[①] 康德把善良意志作为实现幸福、追寻美德的实践力。黑格尔说："美是理念的感性显现。"他认为只要美与艺术的理性内容和感性形式融为一体，就能达到至真至善至美的境界。有学者认为，善就是美，美也是一种善，一种最高的善；人的善的本质力量，当它们充分在对象中实现出来，焕发为光辉时就成为美了。[②] 学校德育的目的是引领学生积德行善，让善行充满校园，让学生一生践行善举。

张旭在廉江市第一中学创建的时候考虑到学校的很多学生来自农村，基于在廉江市第五中学成立"春雨基金"以资助贫困生的经验，成立了"清华园基金"，以扶持贫困生、奖励优秀学生。

成立"清华园基金"，是一个影响深远的善行，是人性美的体现，是德行的弘扬。德育者用心灵温暖学生的心灵，用情感激发学生的情感，师生在心灵相约、情感共鸣、行为搀扶中，共同分享成长的喜悦，携手走向真、善、美的境界。

三、身体力行的德行之用

苏联教育家苏霍姆林斯基认为，应尽可能地培养有崇高的道德愿望和个人对道德理想的向往而产生的行动——这是少年儿童教育的金科玉律。

---

① 康德．道德形而上学原理［M］．苗力田译．上海：上海人民出版社，1986.
② 赵红梅，戴茂堂．文艺伦理学论纲［M］．北京：中国社会科学出版社，2004.

廉江市第一中学通过举行各种主题活动来培养学生崇高的道德愿望和个人对道德理想的向往。张旭指出，学生有了道德理想，还要有实际的行动，这样才能不断提升自身的思想道德素养。

握住母亲的脚①（略有删改）

日本的一位名牌大学的毕业生到一家颇具实力的公司应聘面试，主考官只对这位才华横溢的大学生提了这样一个问题："你抱过你妈妈的脚吗?"大学生被主考官的提问弄懵了，满脸绯红。主考官接着又说："明天这个时候，请你再来一次。不过有一个条件，你必须抱抱你母亲的脚。"大学生红着脸走了。他弄不明白主考官的用意，但无论如何，他也会按照主考官的要求抱抱母亲的脚。

这位大学生早年丧父，贫寒的家里只有他与母亲相依为命，母亲靠给别人做佣人供他读完大学。他其实是理解母亲的，他也很爱自己的母亲，但他压根儿没抱过母亲的脚，他不知道抱母亲的脚时会有一种什么样的感觉。

这位大学生回到家里，母亲还没到家。他想，母亲经常在外奔波，双脚一定很疲乏，今晚自己一定要替她洗洗脚，然后轻轻按摩一番。

母亲很晚才归来。他请母亲坐下，然后端来一盆热水，右手拿毛巾，左手握住母亲的脚。突然间，他发现母亲的脚竟然像木棒一样坚硬。他顿时潸然泪下，紧紧将那双脚抱在怀里，久久也不肯松开……已衰老的母亲的脚，浓缩了母亲一生的沧桑，镌刻着母亲抚育儿子的艰辛。母亲的脚曾站立成一棵大树，为儿子遮风挡雨，同时又被岁月侵蚀……那晚，他终于理解了母亲。

第二天，这位大学生如约去了那家公司，心情沉重地对主考官说："你让我明白了一个极其简单的道理，一个人只有理解了母亲，才能善待自己。"主考官笑了，点点头说："你明天来公司上班吧。"

这是张旭在一次开学典礼上赠送给学生的"礼物"。那位大学生满怀

① 张万祥. 德育智慧源何处——心灵感悟德育经典案例［M］. 北京：中国轻工业出版社，2010.

信心地去应聘工作，却被主考官的一个问题——“你抱过你妈妈的脚吗”难住了。等真正为妈妈洗一次脚时，他才发现母亲的脚并不是如他所想的那样白那样嫩，而是像木棒一样坚硬。一下子，他潸然泪下，终于明白了一个极其简单的道理——人只有理解了母亲，才能善待自己。这个故事的德育意义深远，相信大家都可以从中找到自己的影子。我们一路走来，且歌且行，勇往直前，竟没有回过头来看看身边默默地为我们付出的父母已是什么样子了。

苏霍姆林斯基担任校长的帕夫雷什中学，大门的正面墙壁上，就挂着一条“要爱你们的妈妈!”的醒目标语。当有人问苏霍姆林斯基为什么不写“爱祖国”“爱人民”之类的标语时，他微笑地回答：“对于 7 岁的孩子，不能讲这么抽象的概念，而且，如果一个孩子连他的妈妈都不爱，他还会爱别人、爱家乡、爱祖国吗？爱自己的妈妈，这种爱容易懂，容易做，而且能为日后进行爱祖国的教育打下基础。”母爱是爱的源泉。我们爱母亲，不是点缀，不能做表面文章，而要变为实实在在的行动，如为母亲洗洗脚，帮母亲分担一些家务，常回家看看，等等。这些都是爱的行动，闪烁着德行的光辉。

在长期的教育教学实践中，张旭总结出感化式德育、养成式德育、体验式德育等德育策略，主张重视人的情感体验，以人为本，以情感人，通过道德感化和鼓励学生在活动中进行体验，引导学生积极而主动地提高道德素养，形成良好的行为习惯，自觉追求真、善、美的生活。

下篇 教育策略

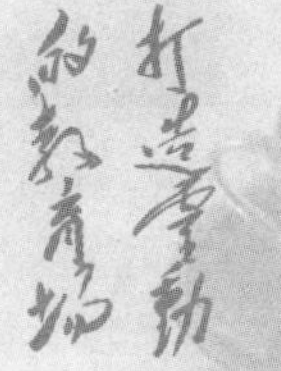

第六章 感化式德育——春风化雨，润泽心灵

第七章 养成式德育——细致入微，求真务实

第八章 体验式德育——活动育人，启智育德

第六章　感化式德育
——春风化雨，润泽心灵

学校德育工作是举国关注的民心工程，是着眼于未来的希望工程，是精神文明的基础工程，是齐抓共管的社会工程，是协调推进的系统工程，是振兴中华的世纪工程。[①] 德育是一项长期的、艰苦的育人工程。张旭认为，德育就像一缕缕春风，能润泽每一位学生的心田，教育者应用以情和爱为主的感化式德育来培养学生的道德情感和道德意志，指导学生的道德行动。

第一节　感化式德育的内涵、类型和特点

美国伦理学家弗兰克纳说："道德的产生是有助于个人的好的生活，而不是对个人进行不必要的干预。道德是为了人而产生，但不能说人是为了体现道德而生存。"道德的本质是重视人的情感体验，内化人的品格，指导人的生活。张旭指出，感化式德育是一种以感化为手段的情感教育，它强调以人为本、以情感人，引导受教育者追求真、善、美的生活，具有直观性、动情性、真诚性、深刻性、渗透性和持久性的特点。

① 中共中央国务院．中共中央国务院关于进一步加强和改进未成年人思想道德建设的若干意见［R］．2004.

一、感化式德育的内涵

感化式德育是相对于传统的灌输式德育而言的，它是一种以人的情感体验为主的德育策略。

（一）感化的含义

《易经》中说："天地感而万物化生，圣人感人心而天下和平。"这句话的意思是，天地互相感应，万物得以生长，道德高尚、知识渊博的先哲能够感化人心，让天下人得以和平安乐。何谓感化?《现代汉语词典（第6版）》将其解释为，用行动影响或善意劝导，使人的思想、行为逐渐向好的方面变化。也就是说，感化是指用言行感染或激励他人，以实现他人行为与思维的改变。其中，"感"是接受外在信息的影响，"化"是指通过影响而实现的内在转化。感化的实质是通过外在因素的刺激与促进而达成对事物的理解、认知、态度以及认可程度的转变。感化能够对实施对象的心灵产生影响，使之消除迷惑，走出心理误区，引导其内心积极力量的积蓄，促进其正能量的集合与爆发，进而形成良好的行为方式，促使其自觉、自律、自我规范与自我完善意识的形成。①

（二）感化式德育的含义

美国心理学家科尔伯格认为："道德不是教来的，而是通过感染获得的。"感化教育在道德教育中具有重要的作用。何谓感化教育？简单地说，感化教育就是通过感化的方式来进行教育。总的来说，感化教育是教育者以动情为先导，使受教育者在情感上获得启发、感动，从而深化或转化原有的思想认识、情感态度、行为品德以及认知结构的教育。列宁认为，没有"人的情感"，就从来没有也不可能有人对真理的追求。如果不充分地

① 闫莉莎．感化思想对高校学生体育自主学习意识的唤醒［J］．赤峰学院学报（自然科学版），2013（6）．

调动人的情感，就难以形成真正的道德思想。俄国著名作家列夫·托尔斯泰说："一个用听觉或视觉接受他人所表达的情感的人，能够体验到那个表达自己情感的人所体验过的同样的情感。"苏联作家高尔基也认为，情感是需要情感来教育的。张旭在以传统文化为抓手来创新德育的探索与实践中，提出了感化式德育策略。

感化式德育主要是通过高尚的人格魅力来感化人、优美的环境来净化人以及高雅的艺术来熏陶人，突出以人为本、以爱润心、以情感人，引导受教育者追求真、善、美的生活。

二、感化式德育的类型

根据不同的标准，感化式德育可以分为不同的类型。比如，以感化的对象为依据，可以分为个别感化式德育和集体感化式德育；以感化的手段为依据，可以分为环境感化式德育、传统文化感化式德育和文艺感化式德育；等等。

（一）个别感化式德育

个别感化式德育是以"一对一"的方式进行感化的德育。它不受时空的限制，比较灵活，可以随时随地进行；需要教育者付出持久的耐心、热情的关怀和竭力的帮助，从而使受教育者受到感染，潜移默化地接受教育。正所谓"精诚所至，金石为开"。由于个别感化式德育具有很强的针对性，所以其德育效果稳定而持久，体现了因材施教的德育原则。但也由于其教育的范围小，因而具有费时、费力、收获少的缺点。

（二）集体感化式德育

集体感化式德育是在集体中发生，通过集体活动来感化集体成员的德育方式。其德育过程往往需要通过集体活动来实现，如开展大型的敬师节活动、科技文化艺术节活动，以及各种类型的主题班会等。为了能成功地举办集体活动，全体成员需要合作、沟通与交流等。在解决困难与经历考验的过程中，集体成员会慢慢地受到感化，体验到集体力量的强大、友谊的珍贵，从而树立起一种“人人为我，我为人人”的信念。因涉及的范围较广和影响的人数较多，集体感化式德育的效果震撼而深刻。然而，有时因受时空的限制，德育工作者要考虑人身的安全、活动的组织和经费的筹划等问题，需要投入较多的人力、物力和财力。

（三）环境感化式德育

环境感化式德育是在优美而优质的环境中潜移默化地进行的，一般会有一种“润物细无声”的效果。人们可以置身于优美的自然环境中，如走出校园，到郊外踏青、野炊、爬山等，通过感受大自然的美好来陶冶情操和开阔心胸。同样，人们可以置身于浓厚的人文环境中，如通过感受内涵深刻的论语广场、书声琅琅的校园等，使自身的道德品质在充满优质文化的环境中发生相应的变化。由于环境感化式德育是一个潜移默化、“润物细无声”的过程，德育工作者不能急于求成。

（四）传统文化感化式德育

传统文化感化式德育是借助优秀的传统文化，使受教育者感受传统文化的力量，接受传统文化影响的德育方式。中华民族优秀的传统文化是我们文化的根基所在，而每个地方的风俗习惯、道德风貌、生活习惯、文化特色等，也都深深地影响着我们。如廉江市第一中学“孝亲、尊师、赞美、鼓励”的校风，“勤学、善思、互助、奋进”的学风，“传道授业、诲人不倦、言为世则、行为世范”的教风等；廉江的红橙文化和湛江的海洋文化等，无不以物质文化或非物质文化的形式影响着我们的生活方式。德育工作者应自觉地、创造性地利用优秀的传统文化来进行德育，这才是传统文化感化式德育的生命力所在。

（五）文艺感化式德育

文艺感化式德育是借助鲜明而深刻的文学形象和艺术形象来感化受教育者的德育方式。张旭说，在德育课堂上，教师要充分挖掘教学内容中的德育内涵，使学生享受“精神的营养餐”。比如，在以“感恩”为主题的活动中，充分挖掘《二十四孝》的德育内涵，使学生在学习中懂得“百善孝为先”；在科技文化艺术节中，让学生感受集体朗诵《论语》的震撼场面、书法的魅力等，使学生净化心灵、陶冶情操。日本文艺评论家片上伸认为，文艺教育的宗旨，不仅是单纯提高文艺鉴赏力和创造力，而且是依靠文艺进行人的教育，使它对人的道德生活具有最深刻、最永久的感化作用。因为文艺感化式德育具有深刻性和鲜明性的特点，所以对受教育者具有一定的影响。

三、感化式德育的特点

感化式德育以感化为手段，注重以情育情、以情动人、以情感人。从某种意义上说，感化式德育是以情感启动并以情感贯穿的教育，其最终目的在于提升人的情感体验，促进人的全面发展。它强调以人为本，关心人、尊重人、爱护人、相信人、感动人，不断地激发人的上进心，开发人的潜能。张旭认为，感化式德育在本质上是一种情感教育、情爱教育。

（一）直观性

直观性是指教育者能用生动的形象直接影响受教育者，使受教育者产生感性体验，从而接受直观形象所暗含的思想原则、行为要求和伦理规范。这种直观形象的感染方式，可以是强烈的、爆发式的、鲜明的，也可以是温和的、持久的、潜移默化的。张旭认为，在德育过程中，教师除了要挖掘《论语》《二十四孝》《弟子规》等的德育内涵，还应注重言传身教的影响并善于利用学生生活中的德育典型，通过生活中一个个可触可感的德育典型形象来影响学生，使学生良好的行为习惯得以养成。

（二）动情性

动情性是指在德育过程中教育者需要动情，调动自身全部的热情，用饱满的激情去感染受教育者；受教育者也需要动情，不断地去感受教育者的深情。如果教育者无情，受教育者亦不动情，那么，感化式德育就会变得毫无价值可言。张旭说，教师对学生的赞美是情，对学生的批评同样也是情；学生对教师的尊敬是情，对教师的爱戴同样也是情。教师与学生之间需要真情投入，这样的师生关系才更显珍贵，德育才更有力量。只有动情的德育，才能收到良好的效果。

（三）真诚性

真诚性是指教育者能以真感人、以诚服人。这不仅体现在对受教育者生活上的真心关怀和细心体贴，还体现在对受教育者学习上的热情帮助和耐心指导。张旭认为，真诚是师生互动的前提，没有真诚，师生之间就不可能在思想上有更多的交流，德育就失去了意义。教师以自己的真诚去感化学生，通过接触学生、了解学生，有的放矢地对学生进行德育，这样学生才会以心交心、以心换心，把快乐与教师分享，把烦恼向教师吐露。教师对学生的关爱、信任和期望，都是一种无形而又强大的感化力量。

（四）深刻性

深刻性是指教育者通过情感来打动受教育者，改变或坚定他们已有的信念，最终使受教育者终生难忘。它是由直观性、动情性和真诚性所延伸出来的特性。如几千名学生共聚论语广场开展敬师节活动并向教师献花，这能打动教师和学生的心灵，会使彼此都有一种终生难忘的体会。真情最能打动人心，这种感动一旦发生，就将是深刻的。

（五）渗透性

渗透性是指教育者通过潜移默化的方式来影响受教育者的态度、情感、思想和观念，从而改变受教育者的行为。教师可以通过创设德育情境来强化师生之间的相互影响，进而提高各自的道德品质。这是感化式德育最重要的一个特点。张旭认为，要想取得“润物细无声”的良好德育效果，教师就要做好德育渗透工作。比如，可以通过举办亲子活动来使学生的心灵受到感化，增加亲子间的沟通与交流，培养学生对父母的感恩之心。

（六）持久性

持久性是指感化式德育的过程和效果的持久。一方面，德育是一个潜移默化的过程，它不像知识教育那样可以取得立竿见影的效果。另一方面，德育的效果是持久的，受教育者经过德育感化后所形成的道德观念是短时间内难以改变的，它会对人的行为起到长期性的影响。如张旭主动捡拾垃圾的行为，一旦使学生受到感化，学生便会从此养成不乱扔垃圾的良好行为习惯。

第二节　感化式德育的价值

感化式德育具有启动功能、感染功能、动力功能、调节功能和完善功能。它的重要性主要表现在转化问题学生、培养学生的道德情感和完善学生的人格等方面。

一、感化式德育的功能

感化式德育的主要作用是育人，这可以从学生和教师两个方面来说。对学生来说，感化式德育具有启动功能、感染功能、动力功能和调节功能；对教师来说，它具有弥补自身不足和纠正自身错误的完善功能。学生在接受感化式德育的过程中，思想与行为会不断地发生变化，逐渐向好的方面转化；而教师在实施感化式德育的过程中，自身也受到了教育、增长了才干、陶冶了情操，自身的品质不断完善。

（一）启动功能

启动功能是指从动情开始，教育者通过“震撼”或“感动”受教育者的心灵，使其敞开胸怀，主动与人交流，使受教育者在情感互动过程中不知不觉地接受教育者的熏陶和感染。张旭认为，如果受教育者不愿向教育者敞开心扉，那么教育的雨露和甘泉就不能流进他们的心田，德育就没有效果。“感人心者莫先于情。”在德育过程中，张旭常常通过启动学生或教师的心灵来与他们进行有效的沟通与交流，进而达到为师生排忧解难或德育感化的目的。

（二）感染功能

感染功能是指人与人之间的情感可以相互传递、相互影响和相互作用。感化式德育注重以情动人、以情感人，使人在情感的感染中形成美德。在一定条件下，一个人的情感可以感染别人，使之产生相同或相似的情感体验，反之亦然，别人的情感也可以感染我们自己，使我们产生与之相同或相似的情感体验。如廉江市第一中学谭思怡同学自立自强的事迹可以使其他同学产生情感共鸣，激励大家奋力进取。

（三）动力功能

动力功能是指受教育者的道德认识在道德情感的推动下会产生内部动力，从而导致道德行为的产生。张旭认为，教育者能通过道德情感来强化受教育者的内部动机，使之形成道德行为。感化式德育作为促进学生认识发展的催化剂，为学生的道德认识转化为道德行为提供了不可缺少的动力因素。

（四）调节功能

调节功能是指感化式德育对受教育者的行为具有调节和校正的功能。通过感化式德育，一方面，可以推动或激发某种行为，使受教育者采取积极行动的态度，也可以制止或阻碍某种行为，使受教育者采取消极行动的态度；另一方面，可以促使受教育者预感到自己行为的后果及自己的道德责任，做出道德行为。张旭说：“学生的很多问题，其实都是心理问题。因此，教师要像医生一样来医治学生和转化学生。”对于问题学生，我们更需要发挥德育的调节功能，在情感上给予学生爱和关怀，给予学生改正错误行为的时间和空间。

（五）完善功能

完善功能是指感化式德育能使教师弥补教育上的缺失、纠正教学上的错误，使教师的人格不断得到完善。张旭认为，教师对学生的关爱，一方面，可以感化学生的心灵，同时也能弥补自身才能的不足；另一方面，可以纠正教师在教育过程中出现的错误。“金无足赤，人无完人。”教师只要坚持以爱和情为主的德育，就能不断完善自身的人格。

二、感化式德育的重要性

感化式德育是转化问题学生的关键，是培养学生道德情感的有效方式，也是完善学生人格的途径。

（一）感化式德育是转化问题学生的关键

一些教师认为，问题学生通常表现为学习差、纪律差、行为习惯差等。张旭认为，问题学生通常只是在品行和学业方面相对滞后，从德育的角度来看，他们大多都存在心理问题。问题学生普遍存在着自卑心理，对自身缺乏正确的认识，缺乏必要的自信。因此，我们要用感化的手段，运用个体感化式德育，针对问题学生的实际情况对症下药。

（二）感化式德育是培养学生道德情感的有效方式

情感需要情感来教育，教育也需要情感来充盈。在德育过程中，要培养学生的道德品质，就要把道德认识内化为学生的情感品质。情感品质是人的深层次的个性构成要素。张旭说，感化式德育重视教师的言传身教、活动的精心策划、学生的心得体会等，侧重学生的情感体验，注重学生情感的变化和行为习惯的养成，是培养学生道德情感的有效方式。

(三) 感化式德育是完善学生人格的途径

教育者通过自身高尚的品德和饱满的情感，用殷切的期望和真诚的关爱来触动学生的心灵、感化学生的人格，促使学生的道德素养、个性特点和个人能力等发生转变。用情感感染情感，用人格影响人格，用行为激励行为，借助人格感化来陶冶情操，是感化式德育完善学生人格的有效途径。

第三节　感化式德育的实施

德育只有通过以感化为手段的情感教育和情爱教育，才能达到润物无声、潜移默化的效果。情感的产生来自个体的情感体验，而情感体验则离不开实践活动。张旭主张成立心理协会、设置心理辅导室、开展心理健康游园活动等，就是为了通过心理辅导来对学生进行德育，进而使其心灵受到感化；成立贫困生资助基金则是为了在帮助和扶持学生的同时，使其情感得到陶冶，从而培养学生的感恩之心和助人之心。感化式德育要求在践行德育的过程中注重情感体验，在情感体验中注重德育渗透，在德育渗透中注重言传身教，这种有效的德育手段，能使学生心悦诚服地接受教育。

一、 循其道行之

张旭说："学生的问题，主要是心理问题和思想问题。当学生出现问题时，你不能简单地下结论说这个学生的思想品质差。相反，你要像医生一样，针对学生出现的心理问题和思想问题，耐心地去调适、医治和转化他们。"学校教育离不开心理健康教育，后者在前者中往往发挥着非常重要的作用。张旭在学校组织成立了心理协会，旨在让其发挥专业性心理辅导的作用。心理协会开设心理健康教育等课程，设置由专职心理教师负责的心理健康辅导室，并定期举行大型心理健康游园活动、心理健康咨询活动，每学年还为各班培养两名心理委员。心理委员都是经过心理教师的专门培训后才上岗的，其职责主要是了解同学有什么心理问题并及时进行化解；当化解不了时，就要及时向心理教师汇报情况，交由心理教师来处理。在中学里设置心理委员这个岗位，是一种创新。

（一）创建心理健康辅导室

心理健康辅导室是一个让人放松身心、交流思想的场所，以轻松、活泼、舒适为格调，以尊重、理解、接纳、互助为原则，室内有心理测试区、心理游戏区、朋辈交流区、许愿墙、友情加油站、秘密瓶、宣泄器材、心理图书、密语信箱等，通过各种交流活动，帮助学生认识自我、调适身心，形成一种良好的生活和学习状态，以促进学生的身心健康成长。

（二）成立心理协会

中学时期是学生生理和心理发生急剧变化的时期，也是心理学上所说的“心理断乳期”。这期间，学生如果因心理承受力较弱或长期被心理问题困扰而得不到疏导，就容易出现心理障碍、心理失控甚至心理危机。廉江市第一中学心理协会是在学校心理教师指导下、学生自愿组织成立的专门从事心理学知识宣传的学生社团，社团成员分工明确、各尽其职，以传播心理学知识、挖掘心理潜能、健全人格为宗旨，利用广播、刊物、网站等各种媒介宣传心理健康知识，组织各种心理测试、心理辅导等活动以提高学生的心理素质。心理协会还邀请专家、学者来学校开设多种专题的心理讲座以普及心理健康知识。《让心灵永远阳光——心理健康教育读本》是张旭主编的德育校本课程，该读本从学习、人际交往、新生适应教育、女生青春期教育等方面分析了中学生普遍存在的问题并提出了应对的方法，非常贴近学生的学习、生活和身心发展规律，具有很强的实用性、可读性和可操作性。

（三）设立心理健康活动月

廉江市第一中学设立心理健康活动月，大范围、长时间地向学生普及心理健康知识，疏导学生的不良情绪，促进生生之间、师生之间的交流，从而丰富校园精神文化生活，展示学校心理健康教育的特色。在心理健康活动月中，通过开展心理健康游园活动、心理健康教育讲座、感恩活动、心理健康知识宣传活动等，为学生创造了一个很好的成长环境，使学生的心理素质得以提升，形成了健康、积极向上、弘扬正气、传播正能量的健全人格。如廉江市第一中学一年一度的心理健康教育大型游园活动，活动场地分为游戏区、心理知识展示区、心理知识问答区、现场心理咨询区、心理测试区、心理短片区、留言区、感恩区、许诺区、意见区、礼品兑换区、活动总咨询区共12个区。学生在班主任的带领下参加完游园活动开幕仪式后，就可以根据自身的兴趣爱好和个性特点参加各种游园活动，在活动中接受德育，促进良好行为习惯的形成和发展。

二、 润物细无声

张旭在廉江市第五中学担任校长时主持成立了“春雨基金”。这个基金就像春天的雨水一样滋润着许多需要资助的贫困学生的心。在廉江市第一中学创建后，张旭又张罗着成立了“清华园基金”，主要用来奖励优秀生和扶持贫困生，使优秀生与贫困生都能得到学校的支持与鼓励。张旭考虑到贫困学生虽然需要帮助，但他们的自尊心也应该受到尊重，于是他提出对学生的资助是“借”而不是“施舍”。学校对学生的资助没有任何附加条件，只是希望学生有一颗感恩的心，能将爱的薪火传递下去。

爱的关怀，情的回报[①]（略有删改）

有一天，高一（5）班的孙海在教室里突然晕倒了。老师和同学们赶紧叫来救护车，并一同把孙海送到医院进行急救。检查之后，医生说：“孙海已经没有什么大碍了。他可能是由于精神压力大、心理过度紧张才导致突然晕倒的，以后注意休息和放松身心就没事了。”听了医生的一番话，老师和几位同学都松了一口气，笑着走进了病房。

张旭得知孙海突然晕倒的消息后，立刻赶到医院看望。在前往医院的

① 选自《廉江市第一中学德育资料选编》（学校内部资料）。

路上，孙海的班主任告诉张旭："孙海是一个苦命的孤儿，他的爷爷奶奶都已经80多岁了，无法到医院看望孙海。"张旭的心里一阵隐痛，更想尽快到医院看望孙海。当张旭出现在孙海的面前时，孙海既有说不出的喜悦，又有道不出的忧愁。张旭从医生那里了解到孙海已没什么大碍，以后注意休息就可以了。张旭安慰孙海说："阿海，你只要放松身心，调理好身体就行了。至于医疗费用，你不用担心，学校会帮你解决的。"孙海的眼泪一下子就掉了下来。

张旭在那天的日记中写道："每当我看到像孙海一样的学生时，心里都有一种说不出的酸痛。我同情这样的学生，我也爱这样的学生。像他那样真正贫穷的孩子，更需要得到多一点儿的帮助、支持、鼓励和关爱。我会想方设法为这个孩子创造一个更好的环境，让他像一只雄鹰一样，自由地在蓝天翱翔。我想，教育就是爱的关怀，情的回报。"

（一）助学圆梦，成就未来

张旭说，"清华园基金"没有功利性，也不存在施舍，更多的是出于尊重与关爱。学校希望学生能够通过学校的帮助与支持，顺利地圆求学之梦，同时不忘继续学习知识、追求真理、追求卓越，以成就更加美好的未来。

（二）完善制度，规范管理

"扶持贫困生，奖励优秀学生"是廉江市第一中学的一个创举，也是学校结合本校情况的一项特色助学措施，已纳入学校的制度管理中。在这一措施的实行过程中，学校不断地总结经验，逐渐地完善制度，使管理更加规范、合理，以惠及更多需要帮助的学生。

（三）知恩于心，感恩于行

张旭说，学校设立"清华园基金"其实也是一种"润物细无声"的感恩教育。它通过人与人之间的相互关爱所引起的行为互动、情感传递、人格影响以及学生自身的感悟，使德育渗透到真实的生活中去。在学生最需要帮助的时候，学校会向他们伸出关爱之手，会不断地激励他们不要放弃自己最初的梦想。张旭还教育学生，作为受益者，应该知恩、感恩和报恩，用行动把爱的薪火传承下去，这就是学校设立“清华园基金”的意义所在。

三、 情理皆动人

张旭对学生说：“廉江市第一中学就是你们的家。你们在这里求学、生活，度过了非常美好的时光，相信你们对这里的一花一草、一人一物都有着深厚的感情。以后，不管你们从事什么样的工作，有钱或没钱，学校都是你们的家，学校的大门永远为你们打开，记得常回家看看。”这是张旭在学生毕业典礼上说的一些话，也是他对每一位即将毕业的学子寄予的期盼。

廉江市第一中学的每件事物都能留给学生美好的记忆，每年的寒暑假，那些毕业离校的学生都会回来看望母校。当看到一个个熟悉的身影出现在校园时，张旭有一种说不出的欣慰——能让学生对学校产生归属感，是对他教育业绩的最大肯定。

（一）动之以情，让学生的心灵受到感化

陶行知认为，真教育是心心相印的活动，唯独从心里发出来的，才能达到心的深处。苏霍姆林斯基也说：“如果你不爱学生，那么你的教育从一开始就失败了。”师爱犹如一股清泉，滋润着学生的心田，给冷漠的心灵以温情的感化。张旭在对学生进行德育的过程中，动之以情，用最真实的情感来影响学生的情感，使学生的心灵受到感化。

（二）晓之以理，让学生学会理性思考

张旭认为，在动之以情的基础上，教师还应晓之以理，对学生循循善诱。学生对“教师讲理学生听”这种灌输式或训导式的德育方式，可能会产生一种强烈的抵触情绪。因而，教师在晓之以理的时候，应避开死板的

德育方式，在尊重和理解的基础上，像朋友一样与学生交往，坦诚相待，以获得学生的信任，让学生学会理性思考。

（三）导之以行，让学生实施道德行为

张旭认为，在“感情先行”“情理交融”的基础上，教师应引导学生把道德意识转化为道德行为。比如，培养学生的感恩之心，让学生通过活动体验来感受感恩的快乐，再指导学生用行动来践行感恩，在实践中提升自身的道德境界。

以情感人、以理服人，情理教育是感化式德育的重要方式，它要求教育者在德育过程中用诚挚的情感和生动的道理去感染学生，引起学生的情感共鸣，让学生自觉接受教导，从而达到德育的效果。

第七章　养成式德育
——细致入微，求真务实

《中共中央国务院关于进一步加强和改进未成年人思想道德建设的若干意见》中指出，应坚持知与行相统一的原则，既要重视课堂教育，更要注重实践教育、体验教育、养成教育，注重自觉实践、自主参与。张旭认为，德育的过程实质上是心性养成的过程。养成式德育主张通过促使学生养成良好的行为习惯，进而养成良好的道德行为，提升学生的品德修养。

第一节　养成式德育的内涵和特点

张旭认为，学校德育天天抓、月月抓、年年抓，效果却不尽如人意，问题主要在于重教（道德灌输）轻养（行为养成）。良好的行为习惯是良好修养的外在体现，德育应重视学生的行为养成。

一、养成式德育的内涵

（一）养成的含义

“养成”的本意是经过培养而使之形成或成长。延伸至今，“养成”有了更为具体的解释：通过培养、教育而使教育对象自觉主动形成良好习惯的过程。“养”的过程即通过外在的培养、教养，实现人类从野蛮到文明、从原始到现代的转变。通过“养”，个体经历无数次的实践、练习，摒弃种种恶习，继承和保留优良的规范，并最终在比较、选择中获得人类生存与发展所必需的良好习惯，此之为“成”。由外养而内成，就是所谓的“养成”。

“养成”在《易经》《吕氏春秋》中就有表述。《易经·蒙卦》中说：“蒙以养正，圣功也。”这告诉我们，从童年开始，就要施以正确的教育。《吕氏春秋·孟春纪第一·本生》中说：“始生之者，天也；养成之者，人也。”人的本性是与生俱来的，而人的德行的形成则需要后天的教育和培养，需要经过人的后天努力。

养成式德育是在思想品德教育的基础上侧重人的道德品质和行为习惯培养的一种教育，强调在日常生活、工作和学习中，通过行为训练，使教育对象养成良好的行为习惯和优秀的道德品质。它最大的特点是从小处着手，从日常生活中的小事抓起，达到矫正错误行为、养成良好习惯的目的。儒家经典《弟子规》，说的都是饮食起居、待人接物等生活小事中应遵循的礼仪规范，通过学习这些小事中需要遵循的礼仪规范，学生能潜移默化地接受其背后的“忠信”“孝悌”“仁义”等价值观。

（二）养成式德育的含义

张旭所倡导的养成式德育，重点是指良好行为、良好品质的养成教育。他把养成式德育的含义概括为这样：综合运用“细”“小”“实”这三种教育手段，按照一定的道德规范、行为准则培养学生良好行为习惯和优秀道德品质的德育方式。张旭认为，在德育实践中，由于普遍存在形式主义、口号主义，往往很容易使学生产生抵触心理和逆反心理，从而使得德育收效甚微。因此，张旭提出了使养成式德育的内容细致化、实在化的要求，即在学生行为习惯培养的过程中做到“细、小、实”：提出的教育要求离学生生活近一点儿，不要好高骛远；强调“细”，德育工作要细致入微，以细见成；强调“小”，德育工作要积微成著，以小见大，从小事做起；强调“实”，德育工作要求真务实，以实见真。养成式德育所提出的教育要求让学生看得见、摸得着，明确具体，这样才便于学生理解、掌握和执行。

养成式德育是一种生活化的教育，它注重把思想道德教育蕴含于日常行为之中，以一种潜移默化的方式进行。与灌输式德育不同，养成式德育是一种着眼于人的内心的教育，强调学生行为习惯的自觉养成，用一种温和而并非强硬的手段来培养学生的德行，使学生从内心真正接受养成式德育的要求。

张旭指出，以道德行为习惯养成为目的的养成式德育虽然不是德育的全部，却是德育中最“小”的、最“细”的、最“实”的部分，也是最基础的部分，是学校德育的中心环节，贯穿于德育的全过程。离开养成式德育，德育便会脱离社会与人的实际而流于空泛的形式。

二、 养成式德育的特点

（一）日常性

养成式德育是一种生活化的德育，渗透在学生学习和生活的方方面面，而不是仅限于德育课或课外活动。张旭说，养成式德育将良好习惯的培养渗透在坐立行走、言谈举止等日常生活细节中，以活动性、体验性的教育潜移默化地影响着学生的行为习惯。

（二）规范性

张旭指出，养成式德育具有规范性的特点，它以制定行之有效的规章制度为起点，运用一定的组织纪律来约束、协调、规范受教育者的行为。离开规范性，养成式德育就会是无效的。从一定意义上说，养成式德育是一种规范性教育，是运用一定的规章制度去规范和管理学生的过程。

（三）实践性

实践是养成式德育的基本环节，养成式德育离不开实践。张旭说，离开了实践活动，养成式德育就无法进行。首先，道德行为只有在实践中反复地练习、巩固，才能成为稳定的行为习惯。学生的意志锻炼、习惯养成都必须在实践中进行。其次，养成式德育的成效必须在实践中接受检验。养成式德育不可能一蹴而就，它的方法正确与否、效果如何都需要回到实践中接受检验。最后，养成式德育是为了生活、为了实践的教育。实践性是学生行为习惯、道德品质养成教育的本质特征。养成式德育是依赖于实践且为了实践的教育。

（四）长期性

“冰冻三尺，非一日之寒。”要想使学生养成良好的道德品质，达到德育的预期目的，绝非一朝一夕之功，而在于一点一滴的努力。张旭认为，学生日常的言行举止、所作所为，在大多数情况下并非理性使然，而是习惯使然。养成式德育实质上是要改变学生以往形成的不良习气。这个改变过程不是短期内就能完成的，而需要教育者反复地指导和训练。另外，学生在养成式德育中并不是一帆风顺、直线前进的，而会遇到不同程度的阻碍。

（五）有序性

养成式德育是一个由浅入深、由近及远的过程，如果违背了循序渐进这个原则，就会妨碍学生的成长。在德育过程中，教育者必须根据学生的年龄特点、心理特征，由易到难地安排德育内容。张旭说，养成式德育是计划性很强的工作，培养什么习惯、用什么方法培养，都应事先计划好，而且对教育内容、教育时间、教育空间也都要进行科学有序的安排。我们不能等学生上了大学、走入社会，再回过头来强调“节约粮食”“尊敬师长”之类的要求，那是违背教育规律的。根据学生的年龄特征和认知水平，选择他们能理解的内容，采取他们易于接受的方式，由浅入深地进行教育，是养成式德育的有效措施。

第二节　养成式德育的价值

一、养成式德育的功能

（一）导向功能

导向功能是指养成式德育具有引导学生行为习惯养成方面的效用。张旭说，通过养成式德育，可以引导学生自觉养成正确的行为习惯，帮助学生提高综合素质，形成良好的价值观念、文化修养与行为规范。

（二）制约功能

制约功能是指养成式德育具有制约学生的不良行为，促使学生的行为举止变得规范有礼的效用。张旭认为，教师通过养成式德育逐渐把一定的规范体系灌输到学生的意识中去，并让其深入人心后，就会对学生个体的言行举止产生制约作用。需要注意的是，对于养成式德育的制约功能，我们必须辩证地去认识，这种制约必须是一种灵活的、人道主义的制约。它必须是在有着合理标准的养成式德育的内容的基础上实现的，假如养成式德育的内容本身就缺乏合理性，那么它对学生的教育功能就无法实现。

（三）转化功能

转化功能是指养成式德育具有将学生的日常行为习惯转化为道德行为习惯的效用。张旭说，学校德育的对象是学生，它以完善学生的人格为最终目的，以让学生形成"至善"的道德品质为最终任务。教育者对学生的日常行为加以反复引导，从而使学生正确的行为举止固化下来，形成习惯。一旦形成这种自然的、高度自动化的行为模式，学生就会在大脑中建立一系列条件反射，实现道德行为的定型。通过养成式德育，学生能自觉地领悟社会规范的必要性，并将其转化为自身的行为，进而转化为道德行为习惯。

二、 养成式德育的重要性

一个人的道德品质是通过其道德行为来表现的，而道德行为是和一个人的道德习惯紧密联系的。只有注重养成式德育，培养学生良好的行为习惯，才能使学生形成良好的品行修养，使学校其他德育工作顺利地开展，使社会道德文明得到提升。

（一）养成式德育为学生成才奠定了良好的基础

养成良好的行为习惯，对学生的成才会起到促进作用。俄国教育家乌申斯基认为，良好的习惯是人在神经系统中存放的道德资本，这种资本不断增值，而人在其整个一生中享受着它的利息。符合社会道德要求的言行举止，才能获得人们的认可。张旭认为，中学生正处在生理和心理逐渐成熟，世界观、人生观慢慢形成的关键时期，思想品德具有极大的可塑性，在此时加强养成式德育，可以使学生的道德修养更高，行为更规范，为他们日后成才奠定良好的基础。

（二）养成式德育为学校德育创设了有利的条件

良好行为习惯的形成是德育的结果，也是学校德育工作的重要目标。张旭说，学校德育工作的主要任务就是让每一个学生心中都有道德规范，使学生成为一个有良好修养的人。学生有良好的行为举止，不仅代表着学生个人的道德品行，更体现出一所学校办学的好坏。如果学生养成了良好的行为习惯，有了良好的素质，就有利于学校开展各项工作。因此，张旭认为养成式德育在学校德育工作中必不可少，缺少这一环节，一切德育的成效都难以体现在学生的行为上，一切德育的意义都难以实现。因此，在学校德育工作中要特别注重养成式德育：要教给学生做人的基本道德，不仅要让他们明理，而且要重视导行；要让学生在日常学习和生活中学会做人，在学中做，在做中学，边学边做，形成言行一致、表里如一的优秀品质。

（三）养成式德育为社会文明打下了坚实的根基

张旭指出，人的行为习惯及修养会影响人际关系，它不仅对本人起作用，还对他人、集体、社会起作用。在现实生活中，很多不尽如人意的事都是由人的不良行为和习惯造成的。学生终有一天要走进社会，是成为社会的栋梁之材，还是成为危害社会之人，取决于他们的道德素质。而道德素质的培养，依赖于良好行为习惯的养成。张旭认为，良好行为习惯的养成是优良品德形成的标志，有优良品德的人才是对社会有益的人。开展养成式德育工作，能使学生形成良好的道德行为习惯，并在长期的实践中形成良好的道德品质。这种德育成果会促进社会文明成习、礼仪成俗，进而提高全社会人们的道德素质，为社会的进步、良好道德风尚的形成打下坚实的根基。

第三节　养成式德育的实施

以往的德育普遍存在“假、大、空”的弊病，为了克服这个弊病，张旭提出了养成式德育策略，主张德育工作应做到“细、小、实”。养成式德育就是要以温和的手段，达到促进学生良好行为习惯养成的目的，并通过良好行为习惯的养成实现德行的培养。“德育无小事，事事是德育。”每一个细节、每一件小事、每一次活动都蕴含着极大的德育意义，教育者要善于挖掘德育资源，“细”“小”“实”地对学生进行行为方式的示范和训练，让学生在形象直观的教育中领悟和掌握正确的道德行为方式。

一、细致入微：以“细”见成

张旭说：“品质是一个人的核心，也是人的第一层面；第二层面是素质，它体现一个人的品质；最外层是细节，它体现一个人的素质。”这是张旭对养成式德育中“细”的深刻体悟。一个人的品质怎么样，通过素质来体现；一个人的素质怎么样，通过细节来体现；一个人在细节方面怎么样，通过一言一行来体现。简单来说，通过一个人的言行举止，就可以看出其道德品行。张旭认为，养成式德育应注重每一个细节，尤其是行为上的细节。比如，捡拾垃圾，虽然只是一个细节，张旭却认为这可以体现一个人的素质和品质。在德育工作中，细节是构成德育大厦的基石。为此，张旭非常重视养成式德育中"细"这一要求，主张德育要贴近学生的生活，注重每一个细节。

你我弯弯腰　校园更美丽①（略有删改）

活动一：锐眼看校园

师：校园中存在的与美丽环境不和谐的行为有哪些？

（学生回忆、自由讨论、有序发言。）

生：有些同学随地吐痰和随手扔垃圾。

生：教室里的地上有零食袋、瓜子壳、纸片和纸屑。

生：操场上有塑料袋，还随处可见口香糖。

师：你们说得都很对！为什么这样的行为还很多？难道这些行为不能被阻止吗？难道这就是我们所追求的文明校园？"校园文明"这一话题似乎有些老生常谈，但它又确实和校园里的每个人有着直接的关系——共建校园文明，需要你、我、他的共同努力。

活动二：对镜看自己

（播放影片，出示问题："不是我扔的垃圾，我为什么要捡？"）

师：可能有不少同学会想，这又不是我扔的垃圾，与我有什么关系？我只要管好自己就可以了。在许多人眼中，弯腰捡拾垃圾是一件根本不值得去做的事情。你觉得呢？

（学生交流、讨论、有序发言。）

生：这样想真是大错特错。都说"好习惯成就大未来"，请不要以为弯腰捡拾垃圾是一件很不起眼的事情。这个很不经意的小动作，能体现出一个人高尚的品行和良好的习惯，表达出一个人对班级、对校园的爱。

---

① 选自《廉江市第一中学德育资料选编》（学校内部资料）。

生：当你弯下腰捡起垃圾时，你会产生一种未曾体验过的喜悦——教室因为我变得更干净了，校园因为我变得更整洁了。你的举动会赢得同学们的尊敬和老师们的赞赏，还会感染更多的同学加入美化校园的行列中。只有当我们都愿意弯下腰捡起地上散落的垃圾时，我们的校园才会体现出真正的美，不只是环境上的美，更是大家心灵的美。

师：是的。“一屋不扫，何以扫天下?”刚才我们看了影片，可能有些同学的身影就在里面，可能有些同学的不良行为还未被发现，但无论如何，我们每个人都要好好反思一下自己的不良行为，并从现在起改掉它。

活动三：效仿好榜样

师：我们应该怎样改掉不良的卫生行为呢？相信榜样的力量是无穷的！那就让我们一起看看身边都有哪些值得学习的榜样人物吧。（出示课件，播放学生主动捡拾垃圾的图片，并配上解说）

师：看完了身边同学讲卫生、讲文明的行为，让我们再来看看“环保小卫士”有什么评选的条件。（出示课件：① 自己不乱丢垃圾、不乱吐痰；② 劝说同学不乱丢垃圾、不乱吐痰；③ 发现果皮、纸屑和杂物等能弯弯腰捡起来；④ 在班内起模范带头作用，经常得到老师和同学的好评）同学们只要认真做到这四点，都可以争当我们学校的“环保小卫士”!

（一）活动引导，小事着眼

张旭认为，学校应在学生中开展主题教育活动，在活动中引导学生进行德育实践，每一次活动指向一个德育主题，培养学生某方面的行为习惯和道德品质。廉江市第一中学开展“捡拾垃圾”主题教育活动，组织学生到生态公园开展美化生态公园活动等，通过活动来指导和引领学生注重细节，从细小之事做起，从一点一滴做起，让学生在活动中慢慢把德育规范内化为自身的行为。

（二）榜样影响，细节提升

张旭说，主动捡拾垃圾是一个细小的行动，也是一种美德行为，而美德是一种驱使社会进步的内在力量。要想引导学生更好地改掉不文明、不卫生的生活习惯，就要借用榜样的力量，用榜样来影响学生的行为。“三人行，必有我师焉。”学生个体间存在差异性，每个学生都有其优秀的一面。在这种情况下，学生们可以互为榜样，学习他人身上的优点，克服自己身上的缺点，同时以自己的优秀之处影响别人，帮助别人进步。廉江市第一中学通过“环保小卫士”的事迹来感染学生，引导学生注重每一个细节，做生活中的有心人，争做“环保小卫士”，提升自身的品质。

（三）文明礼仪，细处培养

对于中学生而言，是很难一步到位地形成良好的道德素养的。但是，我们可以从文明礼仪入手，通过培养学生的文明礼仪来提高学生的道德素养。张旭将道德规范的要求细化，主张从细处培养学生的文明行为习惯。比如，让学生随手捡拾垃圾、问候别人、微笑待人等，虽然这些都是文明礼仪规范中的细小举动，却能使学生懂得做一个文明人并不困难。张旭还专门组织学校教师编写了一本有关文明礼仪培养的教材，详细介绍该怎样培养文明礼仪。从细处培养学生的文明行为，是养成式德育从细处入手的体现。

细节决定成败，于细微处见精神。张旭坚持德育要抓细节，促养成，重视每一个细节的德育含义。他希望，通过细致入微的德育，学生能养成良好的行为习惯，进而提高道德水平。

二、积微成著：以“小”见大

张旭说：“‘小’就是以小见大，不能忽略小事。即使是小事，只要有德育的价值，我们都要把它扩大，并把它作为一种有效的德育资源。”这是张旭对养成式德育中“小”的理解。在如何对待“小事”方面，许多名人都有过论述。老子说：“合抱之木，生于毫末；九层之台，起于累土；千里之行，始于足下。”荀况《劝学篇》里说：“故不积跬步，无以至千里；不积小流，无以成江海。”苏联革命导师列宁也说，人要成就一件大事，就得从小事做起。这些名言，无一不在说明任何大事都是从小事积累而成的道理。“勿以恶小而为之，勿以善小而不为。”只要是“恶”，即使是小恶也不能做；只要是“善”，即使是小善也要做，只有积善才能成德。

张旭特别注重利用“小事”来引导和教育学生。如果说要求学生自觉捡拾垃圾是学生行为习惯养成的细节之事，那么，要求学生“食堂无剩饭，地面无垃圾，内务无杂乱”就是学生日常行为中的细节之事。“学校无小事，事事皆育人。”养成式德育中的“小”就是要求从小事做起，把每一件富有德育价值的小事转变为有效的德育资源，使学生从中受到启发和教育。

争做节俭好学生[①]（略有删改）

环节一：了解家长勤俭节约的事例

主持人：其实，我们身边也有不少勤俭节约的事例。请大家说一说。

生：我妈妈穿着朴素，她已经好几年没有给自己添新衣服了。即使是过年，她也只是给我们买，自己却不买。我问她原因，她说：“新三年，旧三年，缝缝补补又三年。更何况，衣服重要的是整洁、舒服，只要能穿，旧些也没有关系。”

师：你妈妈真是一个勤俭节约的人。

生：我奶奶有一副手套，丢了一只。奶奶看它还很新，就把它给我当水壶套了。

师：用水壶时，你就会感受到奶奶勤俭节约的优秀品质，并向她学习了。

生：我们家常吃面，妈妈看装面的口袋很新，就把它洗干净，改成购物袋，很环保。这样的袋子我家有好几个了。

师：不仅节俭，而且环保，这种做法很值得推广。

环节二：了解同学勤俭节约的事例

主持人：我们同学中也有勤俭节约的好榜样。

（播放录像，介绍某位学生珍惜粮食、无剩饭的事例。）

师：这是我们班的小南同学，我们来采访一下他。小南，你觉得自己

---

① 选自《廉江市第一中学德育资料选编》（学校内部资料）。

这样做有什么好处呢？

生（小南）：“锄禾日当午，汗滴禾下土。谁知盘中餐，粒粒皆辛苦。”这样可以珍惜粮食，减少浪费。

生：我的同桌在用完的本子的背面打草稿，这是一种勤俭节约的做法。

生：我的小伙伴经常把汽水瓶、废纸等拿去卖，这也是一种勤俭节约的做法。

环节三：谈谈自己勤俭节约的事情

师：我们班已经有一些同学在勤俭节约方面走在前面了，那么，其他同学应该怎样去做呢？

（学生分成两个小组讨论，教师与主持人巡视。）

主持人：我刚刚参加了第一小组的讨论，他们讨论得非常激烈，请第一小组的代表向大家汇报汇报。

生（第一小组的代表）：我们讨论后认为，家长给我们买衣服时，我们再也不要买名牌或昂贵的衣服了。因为我们长得快，衣服没多久就穿不了了，很浪费。

师：我刚刚参加了第二小组的讨论，他们讨论得非常认真，请第二小组的代表也向大家汇报汇报。

生（第二小组的代表）：我们讨论后认为，现在快餐盛行，每个人每次吃一份快餐，就会产生一双一次性筷子和一个塑料餐盒的垃圾，这样太不环保，太不卫生了。我们建议少去校外快餐店吃快餐，多在学校的食堂吃饭。

（其他学生纷纷发表意见，如随手关灯、随手关上水龙头、少用一次性塑料袋、开展“光盘行动”等。）

（一）以深刻的课堂文化引领学生

张旭认为，学校应牢牢抓住课堂教学这一中心环节，让学生在学习知识的同时，接受思想道德教育。廉江市第一中学在养成式德育中注重“小”，主张引导学生从身边的小事做起、从一点一滴做起。比如，在品德课上列举一些日常生活小事，对学生进行思想品德教育。从小处着手，清晰明了，这样既说理，又导行，才能使学生既知道为什么去做，又知道怎样去做。

（二）以丰富的课间文化贴近学生

廉江市第一中学在实施养成式德育的过程中按照实践的要求，以课间文化为补充，以体验教育为基本途径，坚持贴近学生的实际生活、走进学生的内心世界，把德育与现实生活紧密地结合起来，实现德育生活化。廉江市第一中学在践行德育生活化的过程中，做出了各种努力。比如，开展寓教于乐的课间小游戏，让学生在娱乐中增进友谊；开展社会公益活动，让学生做社会的主人，增强社会服务意识；开展倡导节约粮食的“光盘行动”，让学生学会珍惜粮食，反对浪费。

（三）以浓郁的德育文化熏陶学生

廉江市第一中学的养成式德育在以优秀的传统文化为抓手的同时，大力挖掘本校德育资源，打造富有特色的本土德育文化。张旭强调，在养成式德育中应注重“小”，充分挖掘德育资源，通过主题教育活动课和知识讲座等，营造浓郁的德育文化氛围，对学生进行传统文化和传统美德的熏陶，使学生具有温、良、恭、俭、让、仁、义、礼、智、信等品质。苏霍姆林斯基说过，要让学校的每一面墙壁都会说话。张旭充分利用校本资源，对学校的校牌、雕塑、校训等加以精心设计，营造浓郁的艺术氛围；利用学校的橱窗、广播站、黑板报等，展示从小事中挖掘出的德育内涵，并将它们扩大宣传；通过建设精神内涵丰富的物质环境与人文环境，使学生的行为举止变为自觉且合乎规范的行为。

唯物辩证法认为，任何事物都会经历从量变到质变的过程，只有具备了一定的量的积累，才能实现质的飞跃。良好习惯的培养是经过日积月累而逐步形成的。张旭说，养成式德育要求学生在日常生活和学习中从大处着眼，从小处做起，对于言谈举止、起居作息等小事，不要轻易忽视，要持之以恒。一点一滴的培养，就是量的积累，久而久之，就能养成习惯，实现质的飞跃。质的飞跃是养成式德育的最终结果。

三、求真务实：以“实”见真

张旭说：“‘实’就是实实在在。德育工作不是一个口号，而是一个务实、充实的过程。学校的每一项活动都是经过精心策划的，不仅德育活动要实在，而且德育所产生的意义也要是实实在在的。”从实际出发，追求实效，是张旭养成式德育的指导思想。张旭认为，作为一校之长，如果不了解学生的思想行为，那么自己提出的养成式德育就可能起不到真正的作用。为了进一步加强与学生的交流和沟通，做好实实在在的养成式德育工作，张旭设立了“校长信箱”和“校长接待日”，通过这两个渠道，虚心地接受来自学生的投诉或建议，了解养成式德育的落实情况和学生的真实想法，并对此进行分析和研究，不断调整德育工作方法，使养成式德育真正落到实处，真正做好学生的德育工作。同时，张旭还注意做好与家长的联系工作，与家长一同监督学生的习惯养成情况，使学生的习惯、品德养成能真正得到落实。

张旭对学生说：“为了共同将廉江市第一中学建设为和谐校园，我们设立了‘校长信箱’，它将成为你和学校领导之间的一座桥梁。你的每一次诉说，我们都会认真对待，及时反馈。学校领导将会由此听到你作为主人翁的真切声音，你也将会由此感到学校对你的真切关怀。如果你对我们有什么意见或建议，请大胆地提出，我们将诚恳地予以改进或采纳。”

一座连接校长与师生的桥梁[①]（略有删改）

张校长：

您好！

我非常不明白，现在都21世纪了，学校还搞什么拜孔子的封建迷信活动呢？很显然，我来学校求学是为了学习知识，要学的应该是科学的知识。您叫我们拜孔子，岂不是又像回到了封建时代，学不好就去求神拜

① 选自《廉江市第一中学德育资料选编》（学校内部资料）。

佛。这不是宣扬封建迷信，鼓励我们信奉“三从四德”“男尊女卑”“内外有别”之类的封建思想吗？

高一（6）班：吴建明

2010 年 10 月 15 日

建明同学：

你好！

你的来信我已收到，我也认真地思考了你的问题。我知道很多人现在依然不理解我举办敬师节活动的用意。我可以很肯定地说，举行“三拜孔子”活动是为了营造一种尊师重教的氛围。还有，学校是以传统文化为抓手，全面开展德育的场所。我们学习传统文化当然是要学习老祖宗最精华的东西，如仁、义、礼、智、信，完全不等同于封建迷信。在这方面，你完全可以放心。

张旭校长

2010 年 10 月 17 日

（一）广开言路，设立“校长信箱”

为了集思广益，及时发现养成式德育实施过程中的问题，张旭设立了“校长信箱”，以使学生能更好地提出意见。张旭在设立“校长信箱”致辞时说：“学生作为校园里的主体，有权利和义务说出自己最真实的想法。每一个意见或建议，我们都会诚恳地接受，并进行改进。”“校长信箱”中每天都有很多学生的来信，张旭常常在深夜倾听一个个不同的声音，有理解的声音、疑惑的声音、赞美的声音、质疑的声音等。张旭认真阅读学生的每一封来信，也认真回复学生的每一封来信，从不敷衍了事。良好的沟通，拉近了张旭与学生之间的距离，很多学生很信任张旭，常为学校的养成式德育工作出谋划策，使其越来越完善。广开言路，设立“校长信箱”，是听取学生真实声音的最佳途径，也是保证养成式德育有效落实的最佳途径。

（二）开门纳谏，设立“校长接待日”

除“校长信箱”外，张旭还专门设置了“校长接待日”。“校长接待日”便于学生当面提出问题或建议。张旭善于根据实际情况，帮助学生寻找解决问题的方法。同时，他还利用“校长接待日”的契机，向学生说明实施养成式德育的意义，与学生共同探讨它的可行性和可操作性。他认为，只有让学生真正理解了实施养成式德育的意义，学生才会积极主动地去接受。“校长接待日”的设立，无论是对张旭还是对学生而言，都是很有意义的。

（三）家校联系，设立“家长培训会”

养成式德育要取得成效，不能仅仅依靠学校的教育，还需要家长的配合。学生的习惯养成具有长期性和反复性等特点，如果家庭方面不能好好配合，就会出现如下情况：学生在学校好不容易养成的好习惯，回到家，经过一个假期又没有了。归根结底，这是因为家长不注重学生的习惯养成教育。可见，得不到家长的配合，养成式德育就难以落实。张旭组织召开“家长培训会”，一般在开学之初对家长进行培训，与家长共同探讨学生的教育问题，谈家教体会等。张旭认为，家庭中所形成的文化氛围，是养成式德育的有力支撑，良好的家庭文化氛围会使孩子终身受益。

良好的行为习惯在很大程度上决定了一个人的工作效率和生活质量，进而会影响一个人一生的成功和幸福。实践证明，只有抓住道德行为习惯的培养，德育才能真正落到实处。需要注意的是，养成式德育不是短期内能完成的，学生在这个过程中出现反复也是难免的，因此，教育者要从细处抓、从小处抓、从实处抓，坚持不懈。这样，养成式德育才能落到实处，让学生终身受用。

第八章　体验式德育
——活动育人，启智育德

意大利诗人但丁说："道德常常能弥补智慧的缺陷，然而智慧却永远填补不了道德的空白。"苏联学者费迪则说："道德规范之于人，犹如远行者的面包、沙漠上的水，没有它们便没有生命。倘若失去良好的道德氛围，人类社会就可能变成一群野兽。"苏联教育家苏霍姆林斯基也认为，只有促进自我的教育才是真正的教育。体验式德育是张旭在廉江市第一中学践行德育的一个重要策略，其核心价值在于：让学生在活动体验中启智育德，健康成长。张旭认为，德育不一定要在课堂上进行，也可以让学生"走出"教室，"走出"课本，在活动中体验快乐、体验情感、体验创新；让学生在体验中启智，在体验中育德，通过活动这一载体，把德育要求内化为品质，外显为行为。

第一节　体验式德育的理论基础和内涵

苏霍姆林斯基认为，道德，只有当它被学生自己去追求，获得亲自体验的时候，才能真正成为学生的财富。体验式德育强调学生自主体验学习，要求学生亲自去经历，并用自己的心灵去感悟。

一、体验式德育的理论基础

（一）积极主动的建构主义理论

建构主义理论认为，学习是一个积极主动的建构过程，强调以学生为中心，学生是认知的主体，教师只对学生的意义建构起帮助和促进作用。建构主义者倡导的教学方法多种多样，其共性是认为教学环节中包含情境创设和协作学习，并在此基础上由学习者自身最终实现对所学知识的意义建构。在这种理论的基础上，体验式德育强调学生的自主学习，强调让学生在亲身经历的过程中实现对所学内容的认同并将其转化为自身知识。

（二）杜威的“从做中学”理论

约翰·杜威是美国著名的实用主义哲学家、教育家和评论家，是教育哲学的奠基人。他认为，“从做中学”是儿童的天然欲望的表现，教育者应该对儿童的这种天然欲望加以引导；如果教育者能对活动加以选择、利用和重视，以满足儿童的天然欲望，使儿童在那些真正有教育意义的活动中学习，将是非常有意义的。他还认为，“从做中学”也就是“从活动中学”“从经验中学”。所谓“从活动中学”，是指将知识的获得与活动的实践相联系，使儿童能在那些真正有教育意义和有兴趣的活动中学习，从而有助于儿童的成长和发展。所谓“从经验中学”，是指在我们对事物有所作为和我们所享的快乐或所受的痛苦之间建立联系。体验式德育倡导学生在活动实践中获得快乐和感悟，从这个层面上说，杜威的“从做中学”理论显然是体验式德育最直接、最重要的理论基础。

（三）苏霍姆林斯基的道德体验教育思想

苏霍姆林斯基是苏联著名的教育家，在长期从事中小学教育实践和理论研究后，他提出了道德体验教育思想。道德体验教育包含着体验劳动、体验情感和体验大自然三个方面的内容，其中，体验情感包括美的体验和爱的体验。他认为，实施道德体验教育的途径主要有学校教育、家庭影响及社会环境的影响等。道德体验教育是一种倡导回归生活世界、回归自然之境和体验者内心世界的道德教育意识和教育思想，它主张教育的过程向学生和教师双向开放，并开发能使其内心敞亮的多样化、个性化的实践样式。①

二、 体验式德育的内涵

（一）体验的含义

"体验"一词的语义出自《淮南子·氾论训》："故圣人以身体之。"我国学者王一川在《审美体验论》一书中指出，体验，就是以身"体"之，以心"验"之，即身体力行，亲身实践。《荀子·修身》中说："好法而行，士也；笃志而体，君子也。"意思是说爱好礼法而尽力遵循的人，是学士；意志坚定而身体力行的人，是君子。《现代汉语词典（第 6 版）》中对"体验"的解释为"通过实践来认识周围的事物；亲身经历"。"体验"是从"经历"一词发展而来的，包含着"经历"一词的意义。与道听途说、推导、猜测、想象等不同，经历是主体亲自参与的，具有直接性的特点。由此，德国哲学家伽达默尔对"体验"一词做了两个方面的规定：一方面是直接性，这种直接性先于所有解释、处理或传达而存在，并且只是为解释提供线索、为创作提供素材；另一方面是由直接性中获得的收获，即直接性留存下来的结果。德国哲学家胡塞尔认为，感知、想象意识和图像意识、概念思维的行为、猜测与怀疑、快乐与痛苦、希望与忧虑、愿望与要求，如此等等，只要它们在我们的意识中发生，便都是"体验"或"意识内容"。

"体验"的"体"，意为身体力行，亲身实践；"验"意为实地考察，用心去感受。综合起来理解，"体验"是指人通过身体力行的实践去感知

---

① 刘冬梅．试论苏霍姆林斯基的道德体验教育思想［J］．榆林学院学报，2007（3）．

客观现象、察看心灵。在国内，有不少学者对“体验”的含义进行了系统而深入的探讨，主要有“情感说”“特殊活动说”“意义建构说”“活动—过程说”等观点。其中，系统阐述“体验”理论的国内学者是中国教育科学研究院的刘惊铎教授，他把体验定义为人类的基本生存方式之一，认为它是一种震撼心灵、感动生命的魅力德育模式。他指出，道德体验是一种含有价值判断的关系通融性体验，主要存在亲验和想验两种方式。[①] 他还提出了“体验是道德教育的本体”这一教育哲学命题，奠定了“体验”理论在中国教育中的基础理论地位。

学者们之所以对“体验”有着不同的界定，是因为他们所思考和应用的领域不一样。就教育学这一领域来讲，体验是通过一定的载体，使学生在对客观事物有真切感受和深刻理解的基础上，对客观事物产生情感并生成意义的情感反应。

在张旭看来，体验是指学生经过亲身经历，形成对客观事物独特的、具有意义的感受、情感和领悟。这可以从两个层面来理解：一个层面是指行为体验，即体验是一种实践行为，是学生通过实践活动来感知、感悟德育，是一种亲身经历的动态过程，是促进学生发展的重要途径；另一个层面是指内心体验，即学生在德育过程中用心去感悟，用心去体会，这是在行为体验的基础上所产生的内化、升华的过程。体验，是德育内化和外化的结合点，是德育认知与道德情感、道德意志与道德行动的结合点。

（二）体验的特点

一般来说，体验具有情感性、亲历性和不可传授性的特点。

第一，体验具有情感性，即在体验中会产生情感。也就是说，对某物有体验，必然会对其产生某种情感。北京师范大学的童庆炳教授认为，体验的出发点是情感，主体总是从自己的命运与遭遇，从内心的全部情感积累和先在感受出发去体验和揭示生命的意蕴；而体验的最后归结点也是情

① 刘惊铎．道德体验论［M］．北京：人民教育出版社，2003.

感，体验的结果常常是一种新的更深刻的把握了生命活动的情感的生成。[①] 由于体验具有情感性，所以学生在积极的体验中会对事物产生积极的态度，进而全身心地投入，甚至将内心的感悟与所体验之物融合在一起。相反，学生在消极的体验中会产生厌弃、排斥、远离等态度，并与体验之物保持距离。

第二，体验具有亲历性，不亲身经历一番，学生是难以形成某种体验的。体验的亲历性可以从两个层面来理解：一是实践层面的亲历，即学生通过实际行动亲身经历某件事，进而获得体验；二是心理层面的亲历，即学生在心理上虚拟地“亲身经历”某件事，借助生活经验形成对某件事的理解，进而获得体验。亲历，意味着别人无法代替，它是一个由学生亲身经历的过程，教育者难以“灌输”或“包办代替”。体验式德育的亲历性突出了学生的主体地位，使学生在德育过程中产生以“我”为中心的自主意识，从而奠定了学生自主发展的基础。

第三，体验具有不可传授性。体验是体验者自己的事，是体验者以自己的需要、价值取向、认知结构、情感结构、已有的经历等完整的“自我”去理解、去感受、去建构，从而生成自己对事物独特的认识和领悟。体验是因人而异的、个性化的，面对同一事物，每个人的体验可能都不同，这也就是我们常说的“在一千个人眼里，就有一千个哈姆雷特”。只有自己亲身体验过才能最直接地获取知识，体验是别人无法传授的，只能自己领悟，从而形成自己的理解。

（三）体验式德育的含义

体验式德育是导引者在体验教育理论的基础上，通过学校组织的实践活动，引导学生身体力行，把做人做事的基本道理内化为自身健康的心理品格和道德品质，并外化为良好的道德行为习惯的德育策略。它具有直接性、开放性、自主性和实效性的特点，遵循着主体性原则、活动性原则、探究性原则以及生活化原则。

---

① 童庆炳．现代心理美学［M］．北京：中国社会科学出版社．1993.

孩子容易忘记他们自己说的话和别人对他们说的话，但是他们自己所体验过的事情，就不容易被忘记。因此，体验教育对孩子的成长来说是十分重要的。何谓体验教育？王敏敏认为，体验教育就是受教育者在实践中认知、明理和发展，它既包含了一种实践行为，是亲身经历的动态过程，是学生发展的重要途径，又是内心体验在行为体验的基础上所发生的内化、升华的心理过程，要求受教育者用“心”去体验，用“心”去感悟，引导他们在体验中把教育要求内化为品质，外显为行为。[①] 李放滔认为，体验教育是学校组织和引导学生亲身参加实践，从而使他们把做人做事的思想道德规范内化为健康心理品格，转化为良好行为习惯的过程。[②] 体验教育还可以从“体验”和“教育”两个视角来深入认识和理解。从“体验”角度看，体验教育主要以组织性为前提，以主体性、实践性、社会性为主要内容；从“教育”角度看，教育者有一个美好的理想，就是通过教育使受教育者将外在美好的东西内化为自身的素质，表现出美好的行为习惯。当前，有学者倡导道德体验论，主张将德育者改称为“导引者”，受教育者改称为“体验者”，凸显道德教育的主体性、情境性和生成性，从体验活动和体验课程的融合上展开实践探索。[③] 体验式德育在很大程度上是借鉴体验教育而发展起来的，张旭在道德体验论的指导下，在以优秀传统文化为抓手的德育过程中提出了体验式德育的策略。

体验式德育以活动为载体，采用“特色活动—间接体验—直接体验—反思体验—体验内化”的基本形式，强调让学生回归生活，参与活动，在活动中体验，在体验中感悟，在感悟中内化，从而提高思想道德认识，促进良好道德行为习惯的养成。对于体验式德育的基本形式，我们可以这样理解：“特色活动”是指学校以活动为载体，创设一个道德体验平台，如廉江市第一中学每年 5 月举办的亲子活动、9 月 28 日举办的敬师节活动、12 月 18 日举办的科技文化艺术节活动等；“间接体验”是指借助导引者

---

① 王敏敏．体验教育与品德养成的关系研究［J］．中国青年研究，2011（6）．

② 李放滔．对体验教育的认识［J］．新疆师范大学学报（哲学社会科学版），2003（4）．

③ 刘惊铎．道德体验论［M］．北京：人民教育出版社，2003.

的启发、诱导，把学生普通的道德体验引向更高层次的道德行动；“直接体验”是指体验者直接参与活动，获得亲身体验与感悟，如学生亲自帮父母洗脚；“反思体验”是指体验者由道德体验所引起的反省性、反思性的思考或者通过道德体验所获得的顿悟，如廉江市第一中学每周进行的学习《弟子规》心得体会演讲；“体验内化”是“反思体验”的深化和提升，目的是使学生形成健康的心理品格和道德品质。

第二节　体验式德育的特点和原则

一、体验式德育的特点

（一）直接性

直接性是指体验者在导引者的指导下，通过直接参与道德活动，亲自获得独特而深刻的活动体验，进一步促成反思体验。张旭认为，传统的德育基本上是进行枯燥无味的道德说教，很少让学生直接参与活动并获得道德体验，而体验式德育以活动为载体实施德育，更凸显出直接性特点。

（二）开放性

开放性是指德育在开放性思想的指导下，以体验为主要实施形式，包含德育思维的转变、德育内容的持续更新、德育途径的拓展及德育模式的重建等几方面。张旭认为，德育是一个动态而开放的过程，我们要用发展和变化的眼光来确定德育内容，选择德育方法；根据时代特点，不断增加德育的新内容，打破学校德育的片面格局，形成“校园—家庭—社会”一体化的德育环境，让学生在现实生活情境中去体验，并不断地将直接的道德体验“内化于心，外化于行”。

（三）自主性

自主性是指学生作为德育的主体，在德育活动中所获得的体验是自发、自主、自觉的。张旭认为，在德育过程中，导引者要积极地为体验者创造德育体验的时机和条件。只有让体验者身临其境地体验和感悟，才能让他们领悟到深刻的道理，从而获得更为深刻而持久的体验。

（四）实效性

实效性是指体验者通过亲身体验，其道德认识、道德情感、道德意志以及道德行为得到提升。相关研究表明，阅读过的信息，我们能记住10%；听过的信息，我们能记住20%；然而，所经历过的事情，我们却能记住80%。张旭认为，通过活动体验来实现德育目标，效果是明显的。廉江市第一中学通过精心策划大型的敬师节活动，让学生在活动中体验敬爱师长的情感，进而形成尊师重道的氛围，这比以口头方式教育学生要尊师重道有效得多。

二、体验式德育的原则

（一）主体性原则

学生是教育的主体，更是发展的主体、体验的主体，学生的品德形成是在各种活动中通过自身和外界的相互作用来实现的。为此，教师要从单纯的知识传授者向学生学习活动的引导者、组织者转变，要尊重学生的主体地位，调动学生的内在动力，使德育内化为学生身心发展的需要。张旭强调，在德育过程中，教师要创设供学生体验的活动情境，因为学生在亲身体验中才能更好地学习道德知识，形成道德行为。

（二）活动性原则

活动是教和学的中介。在体验式德育中，要让学生直接参与主题活动、游戏活动和其他实践活动，这是学生提高道德认识和形成道德行为的重要途径。学生通过不断参与活动，能获得大量的知识和经验。因此，张旭要求教师根据教学内容将活动的过程、方法、技能与相关知识融合起来，寓德育于活动之中，有目的地为学生创设恰当的情境，引导学生积极参与学校、家庭和社区的活动，在活动中体验，在体验中提高道德水平。

（三）探究性原则

引导学生探究是实践体验式德育理论的有效形式。体验式德育重视学生的探究活动，提倡探究性学习。张旭认为，教师应让学生在课程领域或现实生活情境中，通过教师引导、小组合作、个人研究等形式，培养发现和提出问题的能力、收集和处理信息的能力、分析和解决问题的能力、交流与合作的能力，从而使学生在体验的过程中逐步提高认知能力、参与能力、适应能力、创新能力等。

（四）生活化原则

德育要从脱离学生生活的状况中转变过来，德育内容应向学生的生活回归，这是体验式德育强调的原则。张旭指出，德育要从过去的理想化、政治化、模式化走向生活化，让学生在生活中深刻认识社会和自我，从切身的体验中学会识别美与丑、善与恶、真与假，在交往中学会做人；让学生大胆面对纷繁复杂的社会生活和多元化的价值观念，不回避现实生活中遇到的种种矛盾；让学生在多变的社会中灵活运用所学知识，通过分析、比较做出正确而合理的选择。

第三节　体验式德育的价值

我国教育家陶行知针对“中国的教育太重书本，和生活没有联系”的弊端，提出“生活即教育”的理论。我国学者鲁洁认为，一个完整的德育过程，应该是体验者认知活动、体验活动与践行活动的结合。[①] 张旭认为，知行结合，在行动中获得道德知识，在活动中获得道德感受，有利于提升学生的道德认识，激发其相应的道德情感，进而提升学生的道德境界。以活动为载体的体验式德育是符合德育规律的，它具有享用功能、内化功能、外化功能，其重要性表现为能改变传统理论说教、陶冶学生的健康人格以及促进学生的全面发展。

一、 体验式德育的功能

根据体验式德育的含义和特点，可以总结出体验式德育具有享用功能、内化功能和外化功能。

（一）享用功能

体验式德育的享用功能是指德育可以使每个个体实现其某种需要、愿望，并从中体验到满足、快乐、幸福，获得一种精神上的愉悦享受。张旭认为，通过体验式德育凝聚个体自身的品德，一方面，能使个体与他人、群体、社会的各种关系得以协调发展，为良好的人际关系、和谐的社会局面提供必要的条件，以满足社会、群体与他人发展的需要；另一方面，这种品德具有满足个体自身需要的价值，能使个体的德行人生得以实现。张旭把德育活动比喻为“精神的营养餐”，认为每一个学生都能在德育活动中获得心灵的震撼、情感的共鸣、精神的愉悦，从而有所体验、有所启迪并有所行动。

（二）内化功能

体验式德育的内化功能是指一个人的道德内化并不是因他人或社会的道德约束而形成的，而是自动地产生于个体的内部，能将外在的社会价值观、道德规范等内化为健康的心理品质和道德品质。张旭说，体验式德育

① 鲁洁，王逢贤．德育新论［M］．南京：江苏教育出版社，2010.

是通过德育主题活动的开展，将社会核心价值观、道德规范、世界观、人生观等内化为体验者健康的心理品质和道德品质的，即将德育“内化于心”的过程。如廉江市第一中学举办的亲子活动，除了能增进亲子间的沟通和交流，还能培养学生“孝亲”的品质。

（三）外化功能

体验式德育的外化功能是指道德活动体验能将人的道德认知、道德情感和道德意志外化为良好的道德行为习惯。张旭认为，无论是感恩体验、师道体验，还是创新体验，都是为了使学生能够形成良好的道德行为习惯，即将德育“外化于行”。如在开展敬师节活动之后，不少学生能在日常生活中用实实在在的行动来尊师。

二、 体验式德育的重要性

有位教育家说过这样一句耐人寻味的话：“当学生意识到你在教育他时，也就意味着你的教育已失败。”张旭指出，体验式德育摒弃以往的单纯说教，注重把品德教育融入活动中，潜移默化地教育学生，具有改变传统理论说教、培养学生的健康人格以及促进学生全面发展的重要作用。

（一）改变了传统的理论说教

张旭认为，在传统的德育中，教育者以自己的观点对学生进行“劝说”，这种简单的说教难以调动学生的情感，不能触动学生的心弦，严重忽视了学生的情感体验，导致德育效果短暂。体验式德育改变了传统的理论说教，把思想道德教育建立在学生的切身体验之上，强调体验的生成与情感的丰富，重视学生的实践活动。在体验式德育中，教师按照预定的教育目标和内容，在活动中创设一种“身临其境”或“心临其境”的体验氛围，使学生能在这种氛围中主动、自主地通过“体验”和“内省”来实现自我教育和自我完善，有效地促进学生的道德认知向道德行为转化。这样，学生就能通过在活动中获得的体验，实现对思想道德原则的认同，不断提升思想道德境界。

（二）培养了学生的健康人格

张旭指出，道德教育的重要目标是使学生形成健康人格，而多参加活动可以使学生养成积极向上、乐观开朗的健康人格。体验式德育强调通过活动实践进行德育，教师的视线不再过分集中在理论说教和惩罚性行为上，而转向开展多种多样的主题活动，从活动中挖掘人格生成因素，培养学生形成健康的人格。张旭指出，在活动中，教师与学生都应用亲善的心态来对待对方，用愉悦的心情实现共享。久而久之，学生的身心就会出现向善、向美的变化，学生的思想道德境界就会逐渐提升。

（三）促进了学生的全面发展

中学生一般都有较强的表现欲望，希望通过自身的表现来展现才华，获得普遍的认可和赞赏。这就需要学校提供展示的平台，教师给予肯定和鼓励。如果学生的这种表现欲望得到展示与肯定，他们就能增强自信心，进而更加努力地进行全面发展。张旭强调，体验式德育应抓住学生的这一特点，结合学校的重大节日以及文体活动、辩论赛等有利于学生全面发展的活动，采用“特色活动—间接体验—直接体验—反思体验—体验内化”的基本形式进行，注重学生的活动参与、活动体验、活动感悟以及活动成效，注重通过学生的自主体验和教师的有意引导来促进学生的全面发展。

第四节　体验式德育的实施

张旭认为，德育过程理应是一个动态的、开放的过程，在开放的教育环境中，德育才能有效进行。在他看来，活动是德育实施的最佳方法，体验式德育实施的关键是组织和促进学生投入实践活动。因而，他创造性地组织了一系列特色活动，如引导学生感恩的亲子活动、引导学生尊师重教的敬师节活动和让学生展现才艺的科技文化艺术节活动等，让学生在活动中获得体验，践行德育。在多样化的活动中，学生能对德育内容有所思考和理解，并自主地进行深层次的挖掘，从而使体验式德育的目标在活动中落到了实处。

一、在亲子活动中体验感恩

感恩教育是体验式德育的重要内容。在张旭看来，懂得感恩是一个人优秀品行的重要体现，而懂得感恩父母是感恩教育的首要内容。因此，张旭在学校推行亲子活动，通过开展这一活动，让学生体验感恩。

沟通，从“心”开始①（节选，略有删改）

主持人1：现在请大家观看一段视频。（播放视频《黄香温席》片段）

主持人2：这是《二十四孝·扇枕温衾》里面的片段。黄香九岁时就已经懂得孝顺长辈的道理了。每当天热的时候，他就给父母的枕头和席子扇风，一来使它们凉爽些，二来驱赶蚊子；每到寒冷的冬天，他就先用自己的身体给父母暖被窝，好让父母睡起来暖和。黄香的事迹流传到了京城，被称赞为“天下无双，江夏黄香”。

主持人1：“黄香温席”的故事是感人的。同样感人的，还有子路的“百里负米”、闵子骞的“母在一子寒，母去三子单”、孟宗的“哭竹生笋”、庾黔娄的“尝粪忧心”等。这些人都是通过行动来与父母沟通。现在我们也来行动一次，亲自为我们的爸爸妈妈洗一次脚吧！请同学们有秩序地去打水。（播放阎维文的《孝顺父母不能再等待》这首歌）

（大部分学生纷纷拿出已准备好的盆去打水。有一些学生起初坐在原地不动，可看到其他同学都走了，再看看老师坚决的眼神，又看看父母期待的眼神，他们最终不好意思地去打水了。）

主持人1：同学们陆续打水回来了，并开始弯下腰给父母洗起脚来。

主持人2：有些家长感动得哭了，有的父母和孩子还相拥而泣……

---

① 选自《廉江市第一中学德育资料选编》（学校内部资料）。

（全部学生为父母洗完脚，并把水倒掉，然后回到座位上。）

主持人1：通过这次用心的沟通，相信各位同学、各位家长一定有不少感想。你们能说出来与大家分享一下吗？

学生1：我长这么大，第一次为爸爸洗脚。我发现爸爸的脚因常年在田间劳作而变得特别粗糙，有些地方还裂开了（哭了）……

学生2：在我弯下腰为妈妈洗脚的那一瞬间，我哭了。以前，我经常顶撞妈妈，常说一些话来打击妈妈。现在，我突然间发现妈妈变得苍老了、疲惫了，但她对我的爱没有改变。妈妈下班回来，无论怎样辛苦劳累，总是微笑着对我说话，还煮可口的饭菜给我吃。以后，妈妈回家后，我都要为她洗脚。

家长1：我看到孩子为我洗脚，发现孩子长大了、懂事了、懂得孝顺父母了，我很欣慰。本来孩子与我的关系不太好，我说这，他却做那，老是和我对着干。说他几句，他就说我唠叨；不说他，我心里又过意不去。现在看到孩子这么有孝心，我放心了。

……

主持人2：一分快乐与人分享了，就是两分快乐；一分烦恼与人分享了，就剩下半分烦恼。无尽的感言，我们都可以说出来与人分享。在活动中，我们再一次体会到，人与人的沟通，是要从“心”开始的。无论怎样，我们都要多与父母沟通和交流。沟通从“心”开始，改变从“心”开始，这会令我们有意想不到的收获。

（一）学生与家长结对，共同走进文化课堂

张旭说，每次开展亲子活动前，校方都会认真地做好各方面的准备工作，真诚地邀请一些家长来学校参加活动。如果学生的父母不在家，就想方设法邀请学生的爷爷奶奶或其他监护人来参加，然后让学生与家长结对，共同走进“幸福文化课堂”，学习“传统文化与幸福人生”“家和万事兴”“爱心伴孩子成长”等课程，一起探寻幸福的秘诀。只有家长配合学校的活动、家庭教育与学校教育相结合，体验式德育才能彰显出实实在在的教育意义。

（二）学生与家长沟通，化解彼此的小摩擦

在亲子活动的开展过程中，学校通过各种游戏活动，使学生和家长在轻松愉快的氛围中迈出沟通的第一步。随着活动的深入，学生在体验中有所感悟和启发了，便会慢慢地敞开心扉，主动与家长进行积极有效的沟通，从而能化解各种因缺乏沟通而产生的小摩擦。

（三）学生与家长相处，增进彼此的幸福感

张旭认为，亲子活动的时间是孩子和家长体验幸福的时刻。很多时候，虽然父母与孩子待在一起，但是彼此都做着各自的事情，很难在一起学习、一起说说心里话、一起相处。在整个亲子活动过程中，大家还可以互相学习与交流，不断提高自己的沟通与交流能力，从而提升自己的幸福感；从尽人伦之本分起，做一个好父母、一个好儿女、一个对方心目中的好朋友。

二、 在敬师节活动中体验尊重

“敬”是尊敬、敬重、爱戴之意。“敬师节”顾名思义就是尊敬教师的节日。张旭把学校的敬师节定在每年的 9 月 28 日，无论风吹还是雨打，敬师节活动都如期举行。廉江市第一中学自创校以来，已成功地举办了几届敬师节活动。通过这些活动，全校形成了“读圣贤书，立君子品，做有德人”和“孝亲、尊师、赞美、鼓励”的良好氛围，开创了廉江市第一中学德育工作的新局面，促进了校风校纪的新变化，为培养“有中华灵魂和世界眼光的当代人才”和打造“德育品牌学校”打下了坚实的基础。

敬师节中话敬师[①]（略有删改）

小林（“校园之声”学生记者）：你好！李同学！在这次敬师节的活动中，有哪一个画面令你印象深刻吗？

① 选自《廉江市第一中学德育资料选编》（学校内部资料），题目为作者所加。

李同学（激动地）：令我印象深刻的画面太多了。一是学生身穿汉服在孔子像前大声诵读《论语》。这太有儒士风度了。二是“三拜孔子”。在我们虔诚地鞠躬的那一刻，我感到前所未有的激动。三是学生代表向老师献花。我也是学生代表，代表着全班同学向我们班的物理老师献花。这是我第一次那么严肃地给老师献花，印象深刻！四是张校长在台上发表讲话。他的谆谆教导不时在我的耳边响起，如“学礼”“读书”“做人”“成大业”等，我将一辈子记得。

小林：感谢敬师节活动给你带来这么美好而深刻的记忆！通过参与这次活动，老师在你心中的形象有没有变化？你以后又会怎样去尊重老师呢？

李同学：说实在的，我以前是一个并不把老师放在眼里的“坏学生”，见到老师从不打招呼，上课时还常与老师对着干。这一次为老师献花的活动，让我感到尊重老师的同时，也能得到老师的尊重。原来尊重人与被人尊重是那么令人开心！老师的形象在我心中变得高大了，我以后会主动跟老师打招呼。上课时，我要认认真真地听讲，不再影响大家上课了。

小林：非常感谢你！相信“敬师”将是播种在廉江市第一中学每一位老师、同学心里的一颗种子，它会在“德”的滋润下发芽、成长、开花、结果。

（一）在敬师节活动中受启发

活动是体验式德育的载体。通过敬师节活动来传达敬师、爱师的内涵，能使学生在活动中受到启发，产生强烈的尊师、敬师意识。张旭指出，在敬师节活动中，每一个音符、每一种元素、每一件物品，甚至每一个环节都与尊师、爱师有关，所以强烈的情感能直抵学生的内心。学生只有在敬师节活动中受到良好的熏陶和感染，行动上才会有较大的改变。

（二）在读书学习中要奋发

张旭认为，学生尊师重道，最直接的表现就是尊重教师的劳动成果，即在课堂上要专心致志地听教师讲课，做到眼随师动，心随师想，积极动脑思考，这样既能体现出对教师的尊重，又能真正学到知识。通过敬师节的活动，学生明白了尊师的重要性，会更努力读书，更认真做人。学生虚

心听取教师的教诲，努力做到教师提出的要求，这是一种学习的好风气，也是一种敬师的好表现。

（三）在日常生活中要躬行

《吕氏春秋·劝学篇》中说："尊师则不论其贵贱贫富矣。"意思是尊敬教师与其身份地位的高低和财富的多寡无关。张旭认为，学生敬师，更多地表现在日常生活中，如认真听取教师的谆谆教诲，做错事一定要虚心接受教师的教育；如果教师出现差错，学生应该礼貌地提出，言行上要恭敬有礼。在敬师方面，虚心请教是重点，身体力行是关键。因而，学生不仅要对教师谦虚、恭敬、有礼貌，还要主动关心、体谅和帮助教师。同样，教师也应尊重学生，因为彼此尊重才能创建出教师乐教、学生乐学的和谐局面。

三、在科技文化艺术节活动中体验创新

廉江市第一中学的科技文化艺术节于每年的12月18日到24日举行。2008年12月18日是廉江市第一中学的建校奠基日，为了庆祝学校建立，张旭把这一天定为学校科技文化艺术节的开幕日。科技文化艺术节从开幕到闭幕，精彩的德育活动不间断，这不仅使学生有机会大展身手，还使他们能一饱科学技术的精彩。

张旭在第二届科技文化艺术节上的讲话①（略有删改）

四年多来，为了全面实施"争一流、创特色，办名校、育英才"的办学理念，学校相关科室一方面充分利用校园空间和实物载体，创设大量的静态文化，让同学们置身于浓厚的文化氛围之中；另一方面，积极开展丰富多彩的活动，致力于培养学生的创新精神和实践能力。为此，科技文化艺术节注重科学性与趣味性、艺术性与文学性、理论性与实践性的结合，处处体现创新精神和创新能力的培养。本届科技文化艺术节的活动项目有

① 选自《廉江市第一中学德育资料选编》（学校内部资料）。

航空模型飞行表演、火箭模型发射与回收、机器人舞蹈表演、科技作品制作大赛及展览、科技游园活动、科普知识墙报评比活动、科普知识讲座、古诗文朗诵比赛、师生软硬笔现场书法比赛、现场作画大赛、美术作品展、摄影作品展、校园十大歌手比赛等，活动内容丰富多彩。这是一次规模大、参与人数多、影响深远的学生实践活动，既是我校四年来素质教育成果的一次全面展示，也是对我校精神文明建设的一次大检阅。

我真诚地希望，本次活动能够真正成为培养学生创新精神、激发学生科技兴趣、提高校园文化品位的有效载体；希望我校全体师生在科技文化艺术节的舞台上，积极参与，勇于探究，敢于创新，推动学校的科技、文化、艺术建设踏上新的台阶。

（一）净化心灵

张旭在廉江市第一中学第二届科技文化艺术节上用殷切的期待来激发学生不断追求科技创新。科技文化艺术节为廉江市第一中学的体验式德育工作增添了不少特色。随着每年科技文化艺术节的定期举办，活动的新亮点也不断地涌现，吸引了不少学生的眼球，净化了不少浮躁的心灵。

（二）陶冶情操

科技文化艺术节为学生搭建了一个探求科技真知、领悟文化真谛、感受艺术魅力的广阔舞台。它有利于激发学生的潜力，发挥学生的特长；有利于培养学生学习科学知识的兴趣，陶冶学生的艺术情操，提高学生的审美情趣。它不仅有助于推动校园科技文化艺术活动的繁荣发展，营造有利于学生健康成长的校园文化氛围，而且有助于加强学生创新能力的培养，促进学生综合素质的全面提高。

德育的根本目的是道德行为的培养和改善，而道德行为的培养和改善理应通过实践活动来展现。张旭认为，活动本身就具有道德教育的意义和功效，因此，以活动为载体的体验式德育是培养和改善学生道德行为的有效策略。张旭在学校德育工作中一直坚持践行体验式德育，通过体验式德育促进学生的全面成长，推动学校的全面发展，并取得了显著成果。

西南师范大学出版社
《名师工程》系列丛书目录

系列	序号	书名	主编	定价
名师解码系列	1	《教育需要播种温暖——谢文东与儒雅教育》	余　香　陈柔羽　王林发	28.00
	2	《为了未来设计教育——梁哲与探究教育》	冼柳欣　肖东阳　王林发	28.00
	3	《真心是教育的底色——谭永焕与真心教育》	谭永焕　温静瑶　王林发	28.00
	4	《做超越自我的教师——刘海涛与创新教育》	王林发　陈晓凤　欧诗停	28.00
	5	《打造灵动的教育场——张旭与情感教育》	范雪贞　邹小丽　王林发	28.00
高效课堂系列	6	《让数学课堂更高效——教研员眼中的教学得失》	朱志明	30.00
	7	《从教会到教慧——小学生数学学习能力的培养艺术》	滕　云	30.00
	8	《用什么提高课堂效率——有效数学课必须关注的10大要素》	赵红婷	30.00
	9	《让作文更轻松——小学作文高效教学36锦囊》	李素环	30.00
	10	《让研究性学习更高效——研究性学习施教指导策略》	欧阳仁宣	30.00
	11	《让母语融入学生心灵——提升学生语文素养的高效施教艺术》	黄桂林	30.00
创新课堂系列	12	《小学语文“三环节”阅读教学法——自学、读讲、实践》	薛发武	30.00
	13	《个性化课堂教学艺术：小学语文》	商德远	30.00
	14	《如何实现三维目标——让学生与文本共鸣的诵读教学》	张连元	30.00
	15	《想说　会说　有话可说——突破作文瓶颈的三维教学法》	杨和平	30.00
	16	《综合课的整合创新教学》	周辉兵	30.00
	17	《如何打造学生喜欢的音乐课堂》	张　娟	30.00
	18	《理想课堂的构建与实施——一个教研员眼中的理想课堂》	张玉彬	30.00
	19	《小学语文：决定教学质量的关键策略》	李　楠	30.00
	20	《用〈论语〉思想提升数学教育智慧》	胡爱民	30.00
	21	《童化作文——浸润儿童心灵的作文教学》	吴　勇	30.00
名校系列	22	《人本与生本：管理与德育的双重根基》	广州市广外附设外语学校	30.00
	23	《生本与生成：高效教学的两轮驱动》	广州市广外附设外语学校	30.00
	24	《世界视野与现代意识：校本课程开发的二元思维》	广州市广外附设外语学校	30.00
	25	《让每个生命都精彩——生命教育校本实践策略》	王鹏飞	30.00
	26	《好学校，从关注每个学生开始——石梅小学优质教育多元感悟》	顾　泳　张文质	30.00
教育探索者·鲁派名师系列	27	《追问历史教学之道》	钟红军	36.00
	28	《灵动英语课——高效外语教学氛围创设艺术》	邵淑红	30.00
	29	《校园，幸福教育的栖居》	武际金	30.00
	30	《复调语文——尊重生命自我成长的语文教学》	孙云霄	30.00
	31	《智趣数学课——在情感深处激发学生的数学智能》	王冬梅	30.00
	32	《高品位“悦读”——让情感与心灵更愉悦的阅读教学》	马彩清	30.00
	33	《品诵教学——感悟母语神韵的阅读教学》	侯忠彦	30.00
	34	《智趣化学课——在快乐中提升学生的科学素养》	张利平	30.00

系列	序号	书　　名	主编	定价
思想者系列	35	《回归教育的本色》	马恩来	30.00
	36	《守护教育的本真》	陈道龙	30.00
	37	《教育，倾听心灵的声音》	李荣灿	30.00
	38	《心根课堂——让教育随学生心灵起舞》	刘云生	30.00
	39	《做一个纯粹的教师》	许丽芬	26.00
	40	《率性教书》	夏　昆	26.00
	41	《为爱教书》	马一舜	26.00
	42	《课堂，诗意还在》	赵赵（赵克芳）	26.00
	43	《今日教育之民间立场》	子虚（扈永进）	30.00
	44	《教育，细节的深度反思》	许传利	30.00
	45	《追寻教育的真谛——许锡良教育思考录》	许锡良	30.00
	46	《做爱思考的教师》	杨守菊	30.00
教育探索者·鲁派名校系列	47	《博弈中的追求——一位中学校长的“零”作业抉择》	李志欣	30.00
	48	《大教育视野下的特色课程构建——海洋教育的开发实施》	白刚勋	30.00
名师教学手记系列	49	《唤醒生命的对话——孙建锋语文教学手记》	孙建锋	30.00
	50	《让作文教学更高效——王学东写作教学手记》	王学东	30.00
名校长核心思想系列	51	《智圆行方——智慧校长的50项管理策略》	胡美山　李绵军	30.0
	52	《做一个智慧的校长》	孙世杰	30.00
	53	《成为有思想的校长》	赵艳然	30.00
创新班主任系列	54	《班主任专业化成长策略》	杨连山	30.00
	55	《班级活动创新与问题应对》	杨连山　杨　照 张国良	30.00
	56	《班集体建设与创新人才培养》	李国汉	30.00
	57	《神奇的教育场——打造特色班级文化创新艺术》	李德善	30.00
教研提升系列	58	《校本教研的7个关键点》	孙瑞欣	30.00
	59	《教师怎样做小课题研究——高效助力教师专业化成长》	徐世贵　刘恒贺	30.00
	60	《今天我们应怎样评课》	张文质　陈海滨	30.00
	61	《今天我们应怎样进行教学反思》	张文质　刘永席	30.00
	62	《一节好课需要的教育智慧》	张文质　姚春杰	30.00
优化教学系列	63	《高效教学组织的优化策略》	赵雪霞	30.00
	64	《高效教学方法的优化策略》	任　辉	30.00
	65	《高效教学过程的优化策略》	韩　锋	30.00
	66	《让教学更生动——激发兴趣让学生快乐认知》	朱良才	30.00
	67	《让教学更高效——策略创新让教学事半功倍》	孙朝仁	30.00
	68	《让教学更开放——拓展延伸让学生触类旁通》	焦祖卿　吕　勤	30.00
	69	《让教学更生活——体验运用让学生内化知识》	强光峰	30.00
	70	《让知识更系统——整合与概括让学生建构体系》	杨向谊	30.00
	71	《让思维更创新——思辨与发散让学生思维活跃》	朱良才	30.00

系列	序号	书名	主编	定价
创新语文教学系列	72	《曹洪彪新概念快速作文》	曹洪彪	30.00
	73	《小学语文：享受对话教学》	孙建锋	30.00
	74	《小学语文：名师教学目标落实艺术》	刘海涛　王林发	30.00
	75	《小学语文：名师魅力教学设计艺术》	刘海涛　王林发	30.00
	76	《小学语文：名师魅力课堂激趣艺术》	刘海涛　豆海湛	30.00
	77	《小学语文：单元整体教学构建艺术》	李怀源	30.00
	78	《小学作文：名师情趣课堂创设艺术》	张化万	30.00
名师名课系列	79	《名师如何炼就名课》（美术卷）	李力加	35.00
教师成长系列	80	《做会研究的教师》	姚小明	30.00
	81	《学学名师那些事》	孙志毅	30.00
	82	《给新教师的建议》	李镇西	30.00
	83	《教师心灵读本：成为有思想的教师》	肖　川	30.00
	84	《教师心灵读本：教师，做反思的实践者》	肖　川	30.00
幼师提升系列	85	《全国优秀幼儿健康教育活动课例评析》	教育部教育管理信息中心	30.00
	86	《全国优秀幼儿艺术教育活动课例评析》	教育部教育管理信息中心	30.00
	87	《全国优秀幼儿社会教育活动课例评析》	教育部教育管理信息中心	30.00
	88	《全国优秀幼儿语言教育活动课例评析》	教育部教育管理信息中心	30.00
	89	《全国优秀幼儿科学教育活动课例评析》	教育部教育管理信息中心	30.00
教师修炼系列	90	《班主任工作行为八项修炼》	杨连山	30.00
	91	《教师心理健康六项修炼》	李慧生	30.00
	92	《教师专业化五项修炼》	杨连山　田福安	30.00
	93	《课堂教学素养五项修炼》	刘金生　霍克林	30.00
	94	《高效教学技能十项修炼》	欧阳芬　诸葛彪	30.00
	95	《教师新师德六项修炼》	王毓珣　王　颖	30.00
创新数学教学系列	96	《小学数学：名师教学目标落实艺术》	余文森	30.00
	97	《小学数学：名师高效教学设计艺术》	余文森	30.00
	98	《小学数学：名师易错问题针对教学》	余文森	30.00
	99	《小学数学：名师魅力课堂激趣艺术》	余文森	30.00
	100	《小学数学：名师同课异教》	林高明　陈燕香	30.00
	101	《小学数学：名师抽象问题艺术教学》	余文森	30.00
教育心理系列	102	《做最好的心理导师——中学生心理健康咨询手册》	杨　东	30.00
	103	《每天学点教育心理学》	石国兴　白晋荣	30.00
	104	《学生心理拓展训练与指导》	徐岳敏	30.00
	105	《好心态成就好学生——学生心理问题剖析与对症教育》	李韦遴	30.00
教育通识系列	106	《用心做教师——青年教师快速成长的十大定律》	王福强	30.00
	107	《做最受学生欢迎的老师》	赵馨　许俊仪	30.00
	108	《做有策略的校长——经典寓言与学校管理智慧》	宋运来	30.00
	109	《做有策略的教师——经典故事中的教育启示》	孙志毅	30.00
	110	《从学生那里学教书》	严育洪	30.00
	111	《突破平庸——提升教育质量的31个跳板》	严育洪	30.00
	112	《教育，诗意地栖居》	朱华忠	30.00
	113	《好班规打造好班级》	赵　凯	30.00
	114	《做学生成长的引领者——学生终身成长的素质培养》	田祥珍	30.00
	115	《如何管出好班级——突破班级管理的四大瓶颈》	刘令军	30.00
	116	《青春期性教育教师实用手册》	闵乐夫	30.00

系列	序号	书　　名	主编	定价
高中新课程系列	117	《高中新课程：教师角色转变细节》	缪水娟	30.00
	118	《高中新课程：班主任新兵法细节》	李国汉　杨连山	30.00
	119	《高中新课程：教学管理创新细节》	陈　文	30.00
	120	《高中新课程：更有效的评价细节》	李淑华	30.00
教学新突破系列	121	《把教学目标落实到位——名师优质课堂的效率管理》	冯增俊	30.00
	122	《拿什么调动学生——名师生态课堂的情绪管理》	胡　涛	30.00
	123	《零距离施教——名师和谐师生关系的构建艺术》	贺　斌	30.00
	124	《一个都不能落——名师提升学困生的针对教学》	侯一波	30.00
	125	《让学习变得更轻松——名师最能吸引学生的情境设计》	施建平	30.00
	126	《让知识变得更易学——名师改造难学知识的优化艺术》	周维强	30.00
名师讲述系列	127	《施教先施爱——名师讲述班主任的核心教导力》	杨连山　魏永田	30.00
	128	《在欢乐中成长——名师讲述最具活力的课堂愉快教学》	王斌兴	30.00
	129	《让学生做自己的老师 ——名师讲述如何提升学生自主学习能力》	徐学福　房　慧	30.00
	130	《引领学生高效学习 ——名师讲述如何提高学生课堂学习效率》	刘世斌	30.00
	131	《教育从心灵开始——名师讲述最能感动学生的心灵教育》	张文质	30.00
教育细节系列	132	《名师最具渲染力的口才细节》	高万祥	30.00
	133	《名师最有效的沟通细节》	李　燕　徐　波	30.00
	134	《名师最有效的激励细节》	张　利　李　波	30.00
	135	《名师培养学生好习惯的高效细节》	李文娟　郭香萍	30.00
	136	《名师人格教育的经典细节》	齐　欣	30.00
	137	《名师营造课堂氛围的经典细节》	高　帆　李秀华	30.00
	138	《名师最有效的赏识教育细节》	李慧军	30.00
	139	《名师最有效的批评细节》	沈　旎	30.00
教育管理力系列	140	《名校激励管理促进力》	周　兵	30.00
	141	《名校安全管理执行力》	袁先潋	30.00
	142	《名校师资团队建设力》	赵圣华	30.00
	143	《名校危机管理应对力》	李明汉	30.00
	144	《名校校本研究创新力》	李春华	30.00
	145	《学校文化力建设策略》	袁先潋	30.00
	146	《名校长核心教育力》	陶继新	30.00
	147	《名校长高绩效领导力》	周辉兵	30.00
	148	《名校行政管理细节力》	杨少春	30.00
	149	《名校教学管理提升力》	张　韬　戴诗银	30.00
	150	《名校学生管理教导力》	田福安	30.00
	151	《名校校园文化构建力》	岳春峰	30.00
大师讲坛系列	152	《大师谈教育心理》	肖　川	30.00
	153	《大师谈教育激励》	肖　川	30.00
	154	《大师谈教育沟通》	王斌兴　吴杰明	30.00
	155	《大师谈启蒙教育》	周　宏	30.00
	156	《大师谈教育管理》	樊　雁	30.00
	157	《大师谈儿童人格塑造》	齐　欣	30.00
	158	《大师谈儿童习惯培养》	唐西胜	30.00
	159	《大师谈儿童能力培养》	张启福	30.00
	160	《大师谈早恋与性教育》	闵乐夫	30.00
	161	《大师谈儿童情感教育》	张光林　张　静	30.00

系列	序号	书　　名	主编	定价
教学提升系列	162	《方法总比问题多——名师转变棘手学生的施教艺术》	杨志军	30.00
	163	《用特色吸引学生——名师最受欢迎的特色教学艺术》	卞金祥	30.00
	164	《让学生爱上课堂——名师高效课堂的引导艺术》	邓　涛	30.00
	165	《拿什么打开思路——名师最吸引学生的课堂切入点》	马友文	30.00
	166	《没有记不牢的知识——名师最能提升学生记忆效果的秘诀》	谢定兰	30.00
	167	《让学生的思维活起来——名师最激发潜能的课堂提问艺术》	严永金	30.00

图书在版编目（CIP）数据

打造灵动的教育场：张旭与情感教育/范雪贞，邹小丽，王林发著. —重庆：西南师范大学出版社，2015.1

（名师工程系列丛书）

ISBN 978-7-5621-7200-0

Ⅰ.①打… Ⅱ.①范…②邹…③王… Ⅲ.①中小学—课堂教学—教学研究 Ⅳ.①G632.421

中国版本图书馆 CIP 数据核字（2014）第 288516 号

名师工程系列丛书

编委会主任：马　立　宋乃庆

总策划：周安平

策　划：李远毅　卢　旭　郑持军　郭德军

打造灵动的教育场——张旭与情感教育

范雪贞　邹小丽　王林发　著

责任编辑：杜珍辉　唐彩云

文字编辑：张燕妮

封面设计：天之赋设计室

出版发行：西南师范大学出版社

地址：重庆市北碚区天生路 1 号

邮编：400715　市场营销部电话：023-68868624

http：//www.xscbs.com

经　销：新华书店

印　刷：三河市明华印务有限公司

开　本：787mm×1092mm　1/16

印　张：12.5

字　数：186 千字

版　次：2015 年 1 月　第 1 版

印　次：2022 年 4 月　第 3 次印刷

书　号：ISBN 978-7-5621-7200-0

定　价：42.00 元